LA HISTORIA DE LA TIERRA SANTA

UNA HISTORIA VISUAL

PETER WALKER

Tyndale House Publishers, Inc.
Carol Stream, Illinois

IMAGÍNESE cómo habrá sido para Abraham, hace cuatro mil años, entrar caminando a la tierra de Canaán.

Sólo desde el aspecto geográfico, se habrá dado cuenta
que, en el futuro, este país montañoso sería estratégico:
limitado al norte por el macizo sólido del monte Hermón,
y, al sur, por los amplios vestigios del desierto del Neguev…

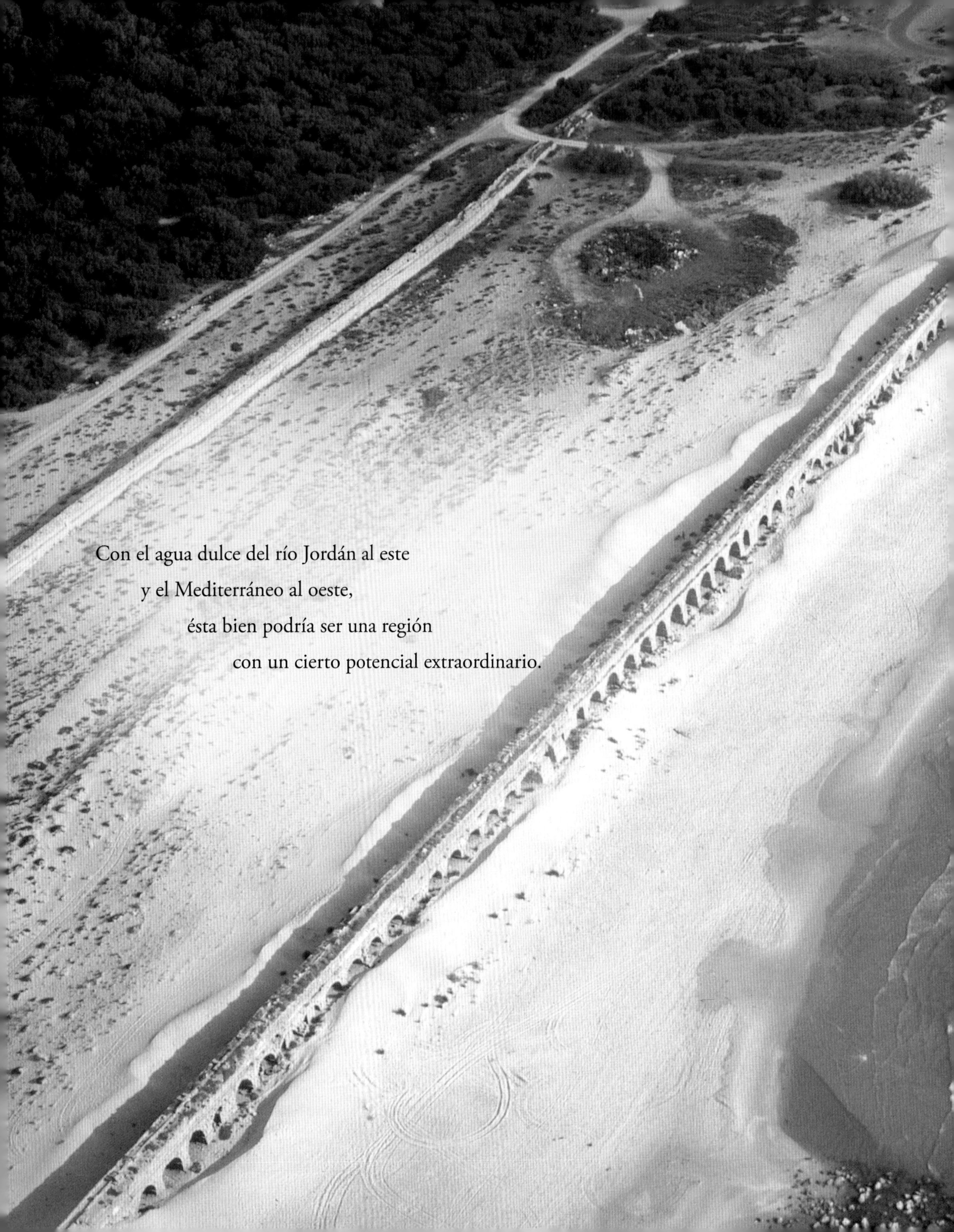

Con el agua dulce del río Jordán al este
y el Mediterráneo al oeste,
ésta bien podría ser una región
con un cierto potencial extraordinario.

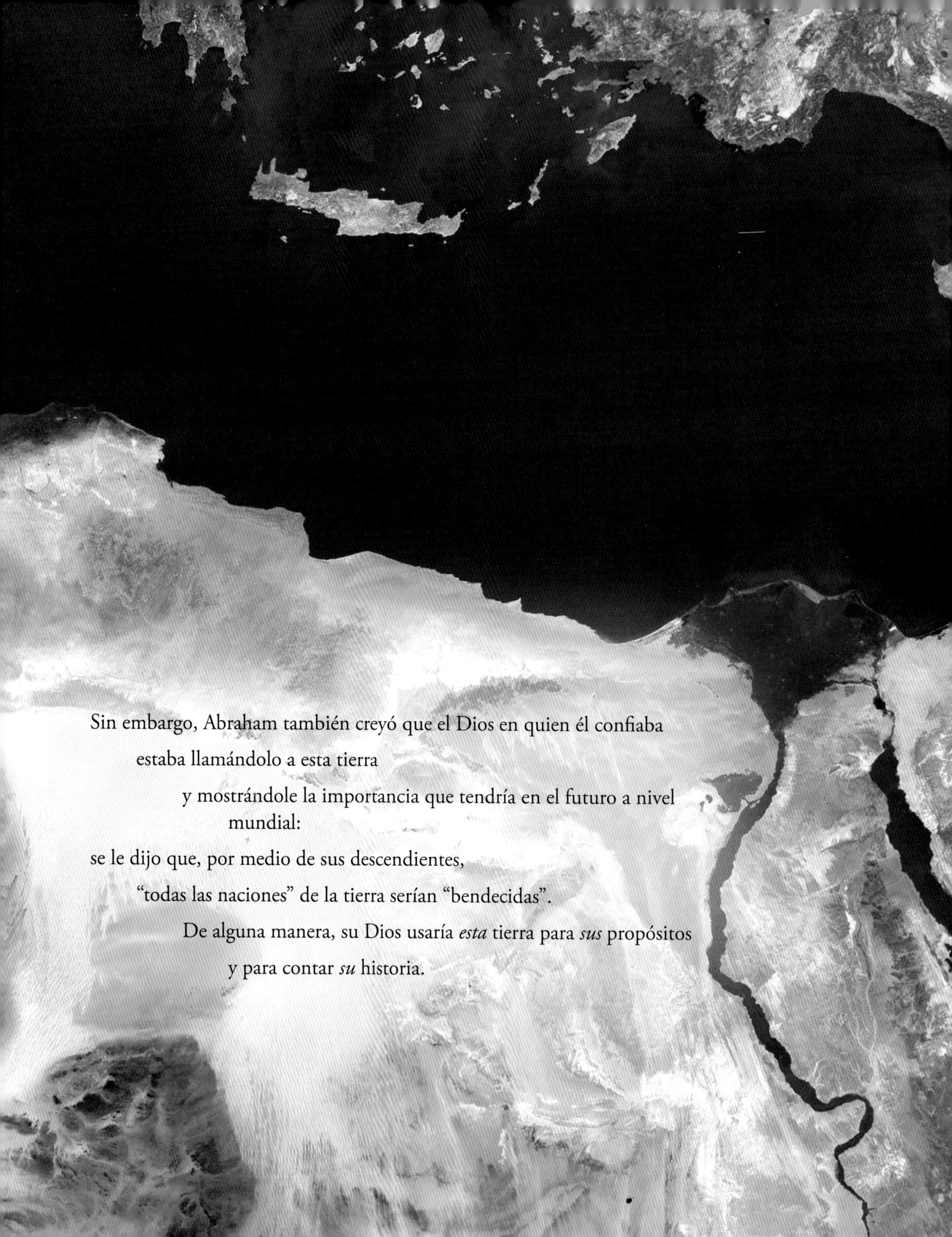

Sin embargo, Abraham también creyó que el Dios en quien él confiaba

estaba llamándolo a esta tierra

y mostrándole la importancia que tendría en el futuro a nivel mundial:

se le dijo que, por medio de sus descendientes,

"todas las naciones" de la tierra serían "bendecidas".

De alguna manera, su Dios usaría *esta* tierra para *sus* propósitos

y para contar *su* historia.

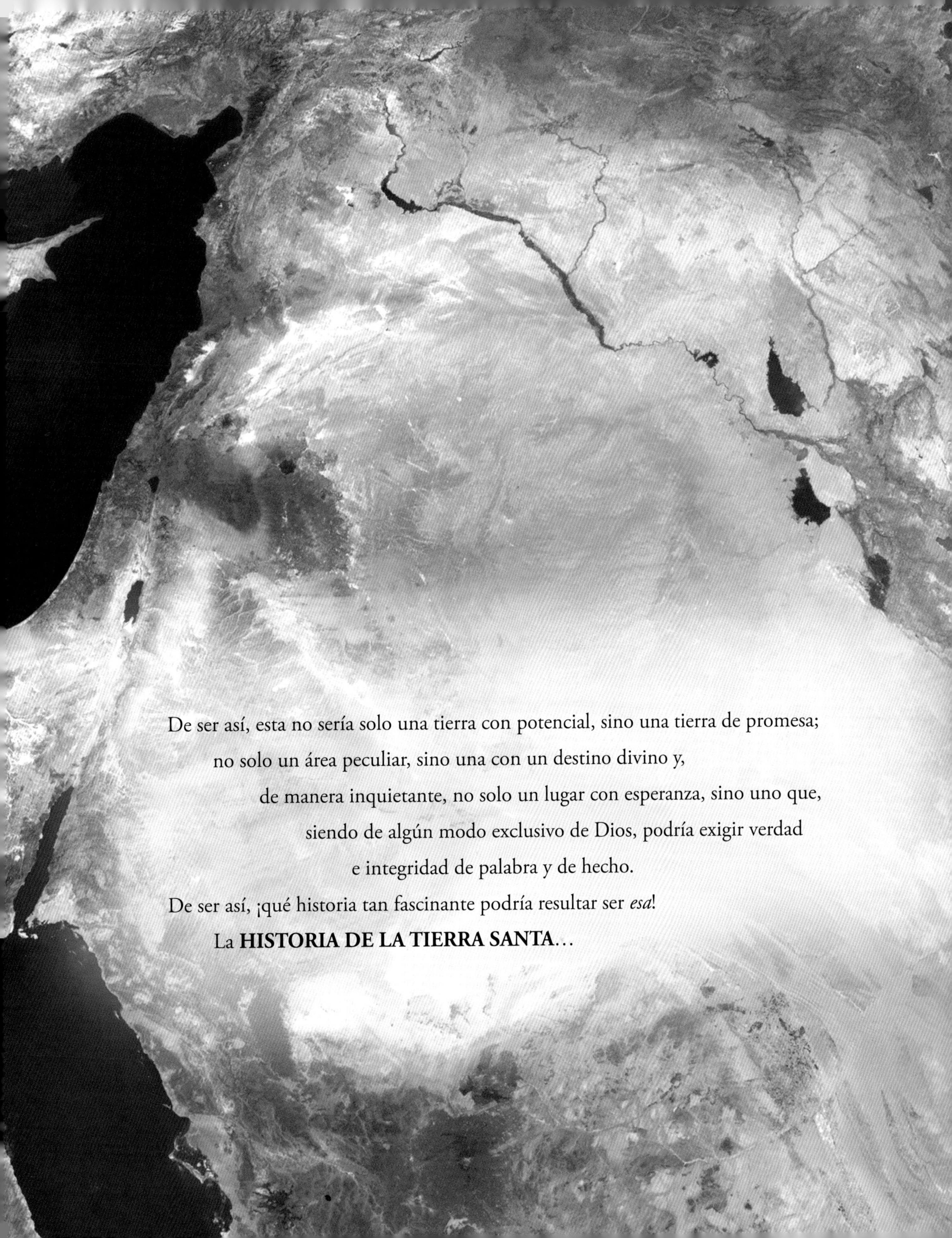

De ser así, esta no sería solo una tierra con potencial, sino una tierra de promesa;
no solo un área peculiar, sino una con un destino divino y,
de manera inquietante, no solo un lugar con esperanza, sino uno que,
siendo de algún modo exclusivo de Dios, podría exigir verdad
e integridad de palabra y de hecho.

De ser así, ¡qué historia tan fascinante podría resultar ser *esa*!

La **HISTORIA DE LA TIERRA SANTA**…

LA HISTORIA DE LA TIERRA SANTA: UNA HISTORIA VISUAL

relatada en siete capítulos, centrados en torno a siete siglos clave…

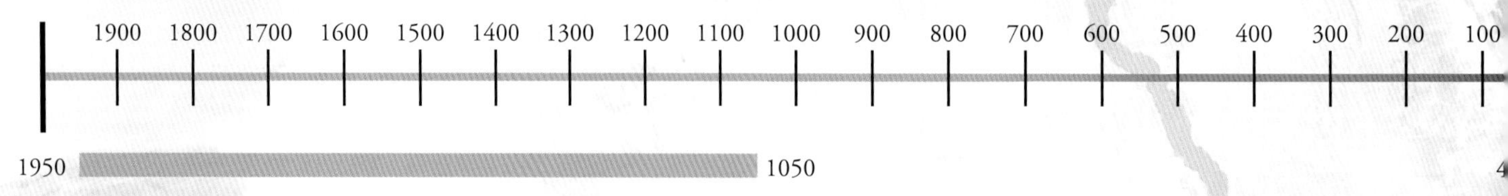

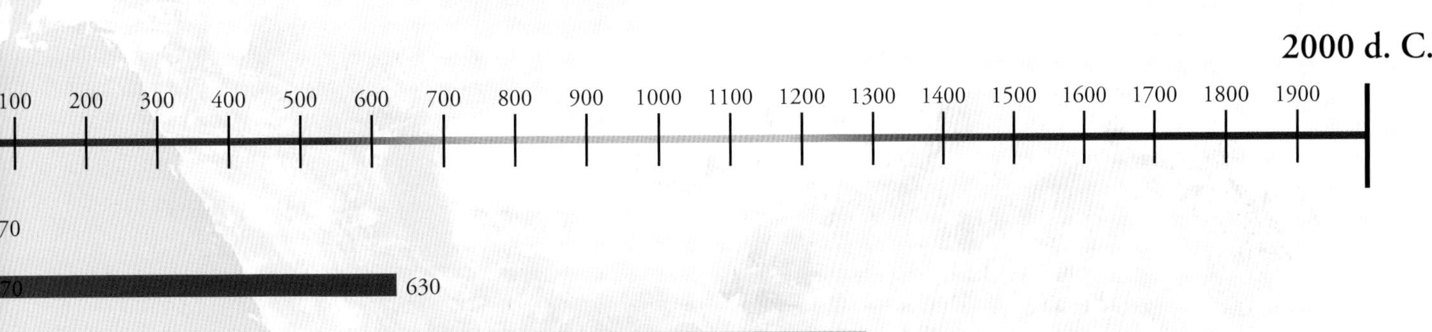
2000 d. C.
100
200
300
400
500
600
700
800
900
1000
1100
1200
1300
1400
1500
1600
1700
1800
1900
70
70
630
630
1291
1291
1948

CAPÍTULO 1

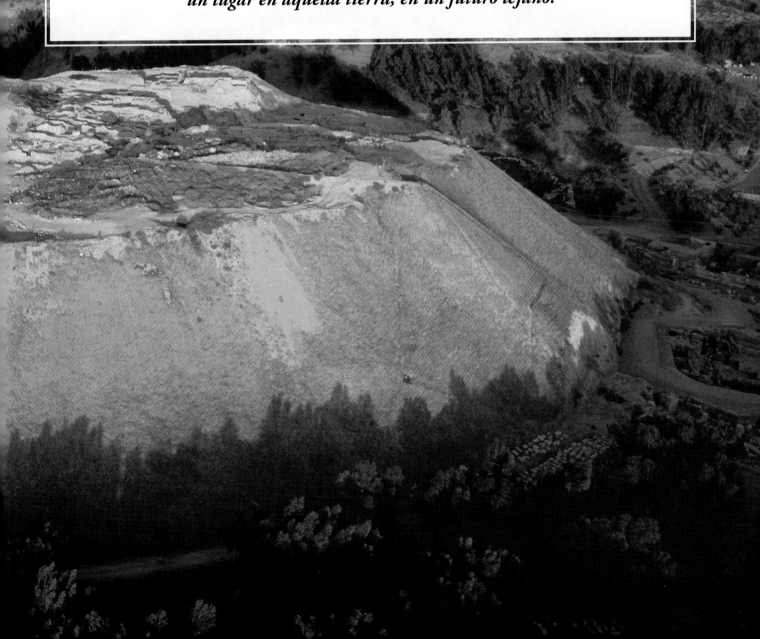

LOS CANANEOS Y LOS ISRAELITAS (1950–1050 a. C.)

Un hombre camina hacia el sur, a una tierra desconocida. Acompañado de su esposa y de los miembros de su clan, no está totalmente solo. Además, tiene su fe: la fe en un Dios que le ha prometido guiarlo en su viaje y darles a sus descendientes un lugar en aquella tierra, en un futuro lejano.

La era de los Patriarcas

Así es como la Biblia comienza su propia historia de la "Tierra Santa", la tierra que estará en el centro de todos sus dramas posteriores. Como toda buena historia, nos es relatada a través de la mirada de un individuo y de su familia (en este caso, Abraham y su esposa Sara); de esta manera, nos permite acceder a estos antiguos acontecimientos de una manera vívida. Nuestra imaginación puede identificarse inmediatamente con estos prójimos en sus esperanzas y en sus luchas.

Ellos llegaron a la tierra desde la ciudad de Harán (a unos 450 kilómetros hacia el norte), pero su familia tenía raíces en el este, en la ciudad caldea de Ur, ubicada en las llanuras de la Mesopotamia, junto al gran río Éufrates. ¿Cómo podría compararse esta nueva tierra?

Las primeras impresiones

Respuesta: sería completamente diferente, casi en todo sentido. A medida que el clan familiar de Abraham descendía hacia la zona montañosa central, serían deslumbrados por sus colinas onduladas (en aquella época, muy frondosas) y, sobre todo, por el hecho de que esta región no recibía el agua de un río (como en la zona de sus abuelos) sino principalmente del cielo. Cada año, durante seis meses, había lluvias intermitentes traídas desde el Mediterráneo por las suaves brisas que soplaban desde el suroeste. Esta era una tierra verde y fértil, ¡irrigada desde los cielos!

Como Abraham descubriría después (al visitar la región del mar Muerto), estos vientos predominantes también producían una sombra pluviométrica. A medida que las colinas descendían hacia el este, las nubes de lluvia tendían a evaporarse, dejando debajo de ellas un desierto riguroso. Sin embargo, eso solamente le dejó en claro que para un pastor nómade como él, los mejores lugares por los cuales andar estarían a lo largo de las cumbres de estas colinas centrales: aquí habría abundante pastoreo para sus ovejas y cabras y, si se quedaba un tiempo, algunas buenas oportunidades de cultivar la tierra.

Izquierda: El paisaje árido al suroeste del mar Muerto, relacionado con la historia (en Génesis 19) de Sodoma y Gomorra.

Derecha: Un enorme templo dedicado a la diosa Nanna, construido c. 2100 a. C. en la ciudad de Ur, en el actual Irak o en la antigua «Mesopotamia» (esto es, en «medio de los ríos» Tigris y Éufrates).

Abajo: Las fértiles colinas que recibieron a Abraham (junto con las terrazas construidas en el tercer milenio a. C.).

Historias de pequeños lugares

Es por eso que la mayoría de las ciudades mencionadas en el libro del Génesis se encuentran a lo largo de la "columna vertebral" central del país. Abraham levanta altares en Siquén y Betel; cuando su sobrino Lot elige vivir en el valle del río Jordán junto al mar Muerto (en la zona de Sodoma y Gomorra), Abraham decide pasar la mayor parte del tiempo en el área de Mamre y Hebrón, donde finalmente él y Sarah son sepultados. Vemos que su hijo Isaac sigue el mismo modelo, y también sus nietos Jacob y Esaú quienes en distintos momentos están en Siquén, Betel y Belén. Tanto Abraham como Isaac visitan Berseba (también en esta columna vertebral central, pero más lejos, hacia el sur). La historia se desplaza de este país montañoso solo cuando Abraham y Jacob establecen contacto con sus familiares, allá en la región de Harán para encontrar una esposa entre los parientes lejanos: Rebeca es llevada a Isaac; Jacob trabaja muchos años para ganarse la mano de Raquel.

A Abraham, no obstante, todas estas ciudades le habrán parecido diminutas comparadas con la Mesopotamia que, durante casi mil años, fue el centro de poderosas civilizaciones. En cambio, la ciudad más grande de toda esta región era

Izquierda: La historia de Abraham (con Sara escondida), que junto a los robles de Mamre ofreció su hospitalidad a los tres visitantes (Génesis 18), ha sido interpretada por los cristianos como señalando la Trinidad de Dios (aquí representada en un fresco dentro de la iglesia de San Vitale en Ravenna, Italia).

Abajo: La ciudad de Siquem (relacionada con Abraham y Jacob, y además el lugar donde fue sepultado José; ver Génesis 12:6; 33:18–20; Josué 24:32) se hizo prominente en el siglo diecinueve a. C.; estas murallas (y la puerta de la ciudad) fueron construidas unos 200 años después.

Arriba: Génesis 32–33 describe los dos acontecimientos clave en la vida de Jacob cerca del río Jaboc (al este del río Jordán), mientras se aleja de la Tierra y, luego, cuando vuelve a ella: su encuentro con Dios en Betel y la reconciliación con su hermano mayor, Esaú.

Hazor (ver págs. 44–45), en el camino hacia Damasco; también había un grupo de centros de comercio a lo largo de la costa, con conexiones comerciales a los países mediterráneos y, sobre todo, a Egipto. Sin embargo, la zona montañosa estaba aislada de las principales rutas comerciales. En el mejor de los casos, esta fértil tierra de prados era un remanso solitario.

Las investigaciones arqueológicas modernas llegaron a la conclusión de que esta tierra (conocida desde antes del año 2000 a. C. como "Canaán") había visto una significativa caída en su población: de aproximadamente ciento cincuenta mil habitantes en el año 2700 a. C. a unos cien mil para el año 2000 a. C. Esos siglos de finales del tercer milenio (conocido ahora como la Edad del Bronce Antiguo IV) han sido descritos, por consiguiente, como un "interludio no urbano" y como una comparativa "edad media", especialmente en esta zona montañosa.

Las causas de todo esto no resultan claras en la actualidad: si no hubo invasiones militares, quizás entonces hubo alguna crisis social o un cambio en la manera de comerciar. Sea como sea, esta es la situación que recibió a Abraham y a Sara. Entonces, tal vez haya habido muchos otros como Abraham; el pueblo "amorreo" (término acadio para los "occidentales") que provenía del norte y que se conformaba con una existencia semi-nómade. Abraham quizás haya sido parte de un cambio paulatino en la población; la región montañosa se había transformado en una especie de vacío que esperaba ser llenado.

Después de tanto tiempo, inevitablemente quedan incertidumbres sobre cómo reconstruir la historia primitiva de la Tierra. Aun así, es sólida la tradición bíblica de que los antepasados de los israelitas emigraron desde Harán: muchas generaciones después aún seguirían recitando la expresión: "Un arameo errante fue mi padre" (Deuteronomio 26:5, RVC), porque aquellos que Abraham dejó en Harán, poco a poco empezaron a hablar arameo. Con respecto a la datación precisa del viaje de Abraham, hay varias características relativas a las historias del Génesis que encuadran con el comportamiento general de esa Edad del Bronce Medio; por ejemplo, los nombres distintivos de los patriarcas (que no se repite posteriormente en la Biblia), su estilo de vida como semi-nómadas y el vacío político.

Arriba: Este antiguo pozo en Beerseba (visto aquí en noviembre de 1919) bien pudo haber sido usado por Abraham y por los patriarcas (ver Génesis 21:31).

Arriba a la derecha: Jarrón de terracota de Jericó, 1750–1500 a. C.

Derecha: Este corte arqueológico en Jericó ha revelado vestigios de una pared que data del año 6000 a. C.

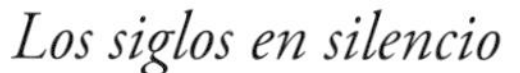

Los siglos en silencio

Alrededor de mediados del siglo XVII a. C. hay un pequeño resurgimiento: ahora existen ciudades pequeñas importantes que comienzan a prosperar en Hazor, Ascalón, Laquis, Jericó, Meguido, Betsán, Gézer y Siquén; pero solo la última de ellas está en la región montañosa que anteriormente visitó Abraham. Los progresos significativos que se ven en estas ciudades incluyen

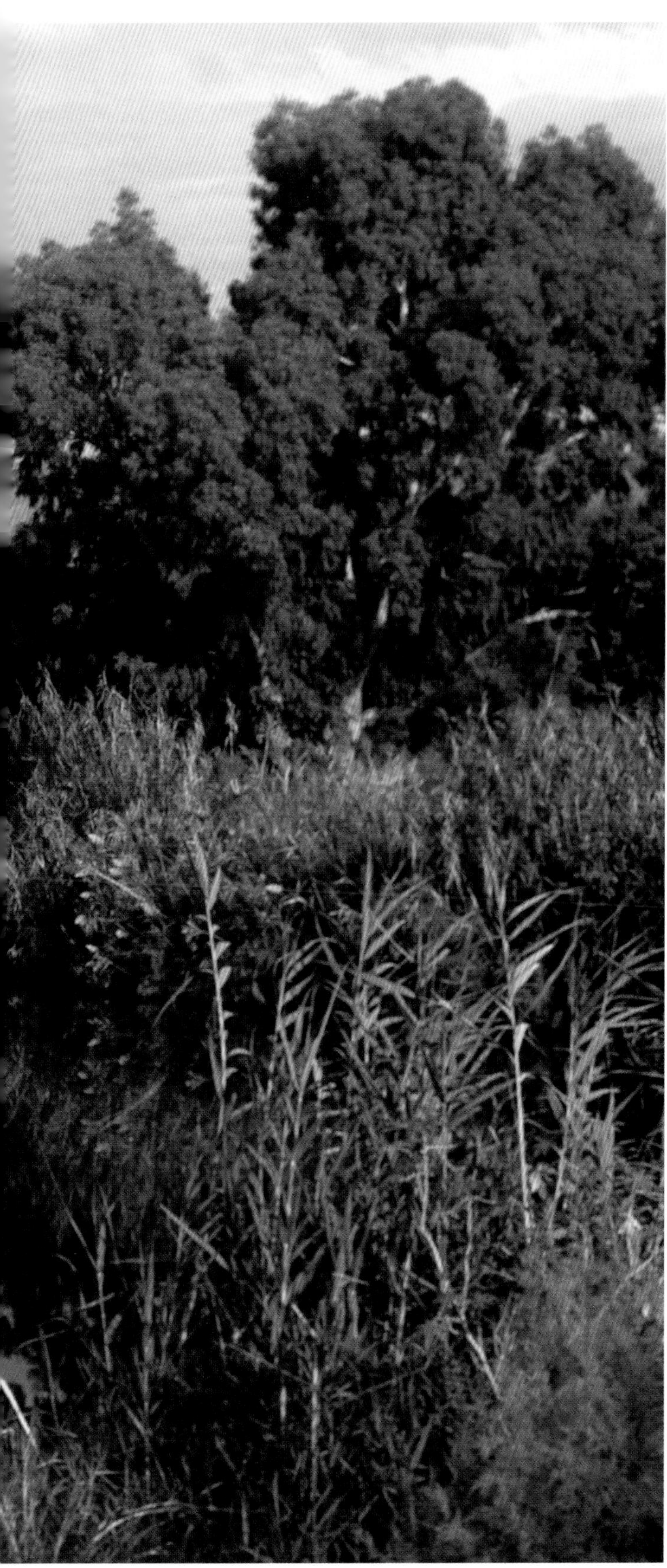

algunas fortificaciones muy impresionantes, (para Bet-sán, ver las págs. 12–13); cisternas cerradas y sistemas sofisticados de desagüe; abundantes artefactos religiosos y una creciente cantidad de construcciones civiles para la élite, con complejos palaciegos construidos en Hazor, Siquén y Laquis.

Sin embargo, los arqueólogos detectan otro decaimiento gradual en el desarrollo cultural alrededor del año 1500 a. C. Las causas son poco claras: posiblemente una hambruna, o quizás Canaán se vio afectada desfavorablemente por la conquista egipcia del importante centro de comercio de Avaris, en el delta del Nilo; o, particularmente, cuando el faraón Tutmosis III invadió a la propia Canaán.

Durante los siguientes trescientos años (1500-1200 a. C., conocida como la Edad del Bronce tardío), los cambios políticos causarían cierta prosperidad comparativa para aquellos lugares ubicados en las principales rutas comerciales, que estaban claramente bajo el dominio egipcio, pero la región montañosa central de Canaán continuaría su ocaso. Estudios recientes, que se valen de las Cartas de Amarna, insinúan que durante este período pudo haber habido hasta treinta ciudades-estado en Canaán, con una distancia aproximada de treinta kilómetros entre una y otra. No obstante, solía haber conflictos limítrofes entre ellas, y la carga impositiva efectiva del dominio egipcio provocó una caída en picada en la densidad de población. La vida se desangraba, por decirlo de algún modo, lejos del corazón central de Canaán.

Fue en esta situación, como veremos, que algunos de los descendientes de Abraham (luego de ser obligados a vivir fuera de la Tierra por muchas generaciones) regresarían.

Izquierda: El pequeño río Jordán, a veces solamente de 10 a 15 metros de ancho.

El siglo de las conquistas (1260–1180 a. C.)

Unos quinientos años después de la época de Abraham, sus descendientes se encontraban en un lugar extraño e inesperado: Egipto. Ahora son conocidos como los "hebreos", pero pronto también serán llamados "israelitas" ("Israel" fue el nuevo nombre que había recibido el nieto de Abraham, Jacob, porque "forcejeó con Dios"). La mayoría vive en el extremo este del delta del Nilo, llamado Gosén, trabajando como peones esclavos con ladrillos y mortero para los gigantescos proyectos edilicios del faraón Ramsés II. ¿Cómo habían podido llegar aquí?

Abandono de la Tierra

Respuesta: por hambre. La tierra de Canaán, como hemos visto, podía ser fértil pero, si las lluvias previstas no llegaban, era necesario ponerse en movimiento. Comenzando por José, bisnieto de Abraham, los clanes relacionados con Abraham finalmente emigraron al Oeste, hacia el "granero" de Egipto y al delta del gran río Nilo. ¡Por lo menos allí uno podía contar con un suministro previsible de agua!

Esta migración pudo haber ocurrido antes o durante lo que los egiptólogos denominan el Segundo período intermedio (alrededor de los años 1700–1542 a.C.), cuando los hicsos ("gobernantes extranjeros"), quienes habían emigrado desde Asia, se apoderaron del Bajo Egipto. La expulsión final de los hicsos por parte de los egipcios originarios y la destrucción de su núcleo comercial, Avaris, marca el lanzamiento del llamado "Nuevo Reino" egipcio, la Dinastía XVIII. Para los israelitas, sin embargo, marcaría un giro dramático en su suerte: dejaron de ser bienvenidos y fueron considerados extranjeros: trabajadores migrantes listos para ser explotados.

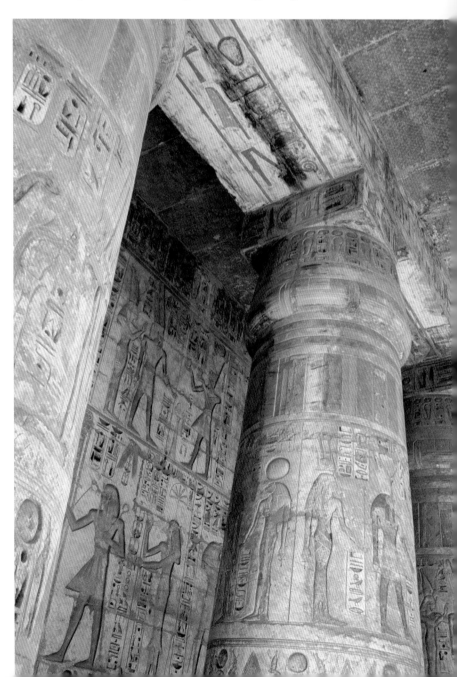

Derecha: Columnas del templo mortuorio de Ramsés III (1186–1155 a. C.). Génesis 37–50 relata de qué manera (varios siglos antes) José, a pesar de haber sido vendido como esclavo, surgió como la mano derecha del Faraón, rodeado por todos los símbolos del poder egipcio.

Una presión intolerable

Alrededor del 1320 a. C., los gobernantes de Egipto comenzaron a reconstruir Avaris. Necesitaban mano de obra barata con urgencia. Entonces, Ramsés II aumentó la presión en 1279 a. C., al lanzar su campaña de construcción de una capital completamente nueva a la cual bautizaría en su honor: Rameses o "Ramsés", como en Éxodo 1:11. Hacia el 1250 a. C., la situación para los israelitas se había vuelto insoportable. ¿Llegarían alguna vez a escucharse sus plegarias para ser librados de esta opresión progresiva? ¿Cómo podrían escapar?

Al repasar esto, vemos qué hazaña fue esta huida. Quizás sus abuelos pudieron haberles contado a menudo historias de una tierra fértil al este, pero pocos habían estado allí alguna vez. ¿Eran rumores demasiado exagerados? La única ruta viable hacia la supuesta Canaán era a lo largo del camino costero (el "camino del mar"), pero esa ruta estaba fuertemente protegida por una larga línea de puestos de avanzada del Faraón. En cuanto a la predisposición del Faraón a dejarlos partir, ¡era absolutamente imposible! Pero *no*, afirmaron luego, si Dios estaba con ellos.

Arriba a la izquierda: Cuatro estatuas gigantescas a la entrada del templo funerario de Ramsés II (1290–1224 a. C.).

Arriba a la derecha: Relieve en piedra de los prisioneros filisteos, esculpido a la entrada del templo mortuorio (Medinet Habu) del faraón Ramsés III.

El rescate espectacular

Así comienza la historia más impresionante que se haya contado sobre un rescate: el "éxodo" (o la salida) de Egipto. Es un relato de redención, de liberación de la esclavitud a la libertad, que involucra juegos de poder y la derrota final de un opresor. Es un relato de aventura, que se emprende en un viaje hacia la inmensidad desconocida de un desierto inhóspito y sin senderos; lleno de actos de valentía, debilidad, estupidez e incredulidad; con coincidencias y milagros asombrosos, que las personas que estuvieron involucradas en ellos interpretarían como revelaciones de la inequívoca mano de su Dios recién redescubierto. Con razón los hijos de sus hijos seguirían recordando este episodio en las generaciones venideras, celebrándolo todos los años y recreándolo como si *ellos* hubieran estado ahí. Este fue un acontecimiento épico y fundacional sin igual; un suceso que forjaría el carácter de los israelitas y que formaría su identidad religiosa y nacional.

El drama empieza con Moisés, quien nació de padres hebreos, pero que providencialmente, fue educado dentro del propio hogar del Faraón y, por consiguiente, recibió un nombre egipcio. Moisés sale al desierto por su cuenta y tiene un encuentro nuevo con el Dios de Abraham, ahora revelado a través de un nombre nuevo: Jehová ("Yo Soy El Que Soy"). Con la carga de esta nueva visión, Moisés y su hermano Aarón regresan al Faraón, pero se sienten muy débiles ante la posibilidad de exigir la liberación de los hebreos. Sin embargo, de pronto la tierra de Egipto es afligida por una sucesión de nueve desastres naturales en el lapso de nueve meses, de julio a abril. La determinación del Faraón de retener a los israelitas empieza a debilitarse; finalmente, se desmorona cuando los hogares egipcios –incluido el suyo propio– despiertan para descubrir que sus primogénitos han muerto, suceso recordado como la Pascua (cuando, según Éxodo 12, Jehová "sobrevoló" Egipto en un aterrador acto de juicio, mientras que preservó a los hijos de Israel).

Los israelitas entonces huyen y reciben un salvoconducto milagroso a través de la traicionera región pantanosa del mar de los Juncos. Poco después, están en el monte Sinaí, donde Jehová se les revela poderosamente y les da los Diez Mandamientos, reglas simples pero a la vez profundas para regir la adoración y el estilo de vida de este pueblo recientemente redimido. Más tarde, están en Cades-barnea (a solo 110 kilómetros del extremo sur del mar Muerto), pero se asustan al escuchar el informe que reciben de parte de algunos espías, a quienes Moisés había enviado a investigar la tierra de Canaán. Entonces, son dirigidos a una ruta más larga y tortuosa; todo descrito en el libro de Números.

Abajo: Al observar la península del Sinaí desde la ventana del trasbordador espacial Columbia, podemos darnos cuenta de la enormidad del esfuerzo de los israelitas.

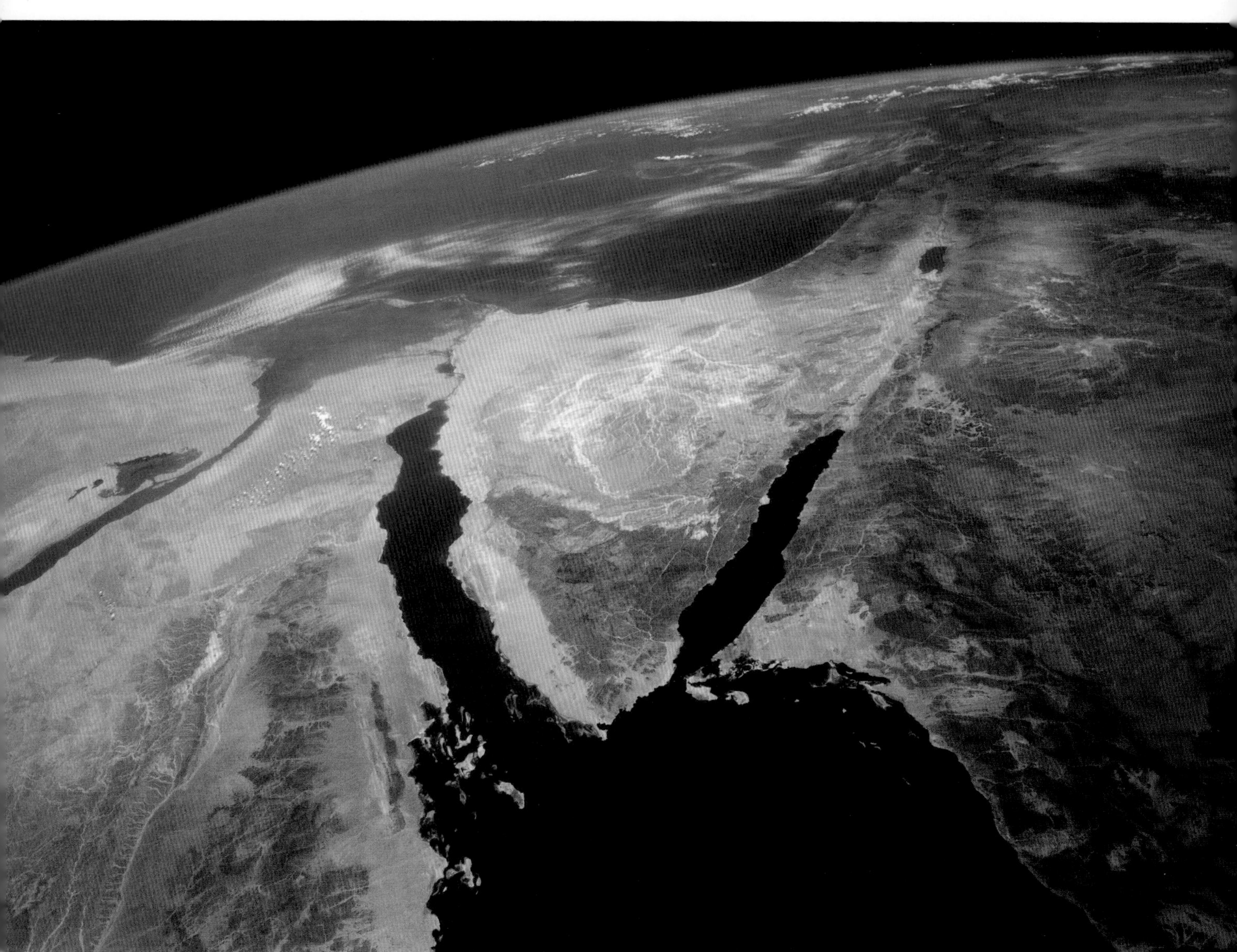

Arriba: El sitio tradicional del monte Sinaí (Jabal Musa) en el sur de la península del Sinaí. El monasterio de Santa Catalina (ortodoxo griego, fundado en el siglo sexto d. C.) está en el supuesto lugar de la zarza ardiente (Éxodo 3:2), y tiene una biblioteca que guarda textos antiguos invaluables.

Izquierda: Fresco (ca. 245 d. C.) de la sinagoga de Dura Europos (en la actual Irak), que representa a Moisés y a Aarón dirigiendo a los israelitas a través del mar de los Juncos.

Listos para entrar

A la larga –ciertamente, toda una generación después, "cuarenta años", según la terminología bíblica–, llegaron al monte Nebo, desde donde Moisés y los israelitas pudieron asomarse y, por fin, ver hacia el Oeste la meta de todas sus idas y vueltas: la Tierra Prometida.

Esta nueva generación de israelitas quizás tenía la sensación de que el verdadero cambio recién acababa de empezar: tenían que bajar, cruzar el Jordán, tomar posesión de la antigua Jericó y, luego, de los pequeños pueblos en la zona montañosa. Esta tarea, descrita en el libro de Josué (nombre del sucesor de Moisés como líder de los israelitas), exigiría obediencia y disciplina, algunas batallas y después, mucha habilidad para cultivar la tierra.

Para Moisés, sin embargo, fue su despedida. El gran caudillo de los israelitas, quien luego fue recordado siempre como el "amigo" de Dios (ver Éxodo 33:11), moriría antes de entrar a la Tierra. En una serie de emotivos discursos de despedida en Deuteronomio, les suplica a los israelitas que, cuando finalmente entren a la Tierra, no se olviden del Dios que los ha redimido: «Ama al Señor tu Dios con todo tu corazón y con toda tu alma y con todas tus fuerzas» (6:5).

Arriba: Una de las llanuras rocosas del desierto cercano al monte Zin (en el desierto del Neguev, no muy lejos del campamento de los israelitas en Cades-barnea).

Derecha: Viendo en la actualidad lo que vio Moisés: el paisaje desde el monte Nebo hacia el valle del río Jordán y a través de las colinas de la «tierra prometida».

Asentamiento en la Tierra

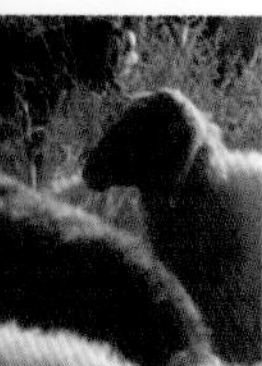

Una jovencita ayuda a levantar la cosecha. Todo parece tan apacible, así como en la imagen de los jóvenes pastores cuidando a sus rebaños, sin prisa, al atardecer. Sin embargo, ella tiene algo distinto. Es una extranjera, y tiene la mirada decidida.

¿La tranquilidad del campo?

Se llama Rut y un libro entero de la Biblia está dedicado a su historia: cómo ella, a pesar de provenir del territorio enemigo de Moab, había llegado a Belén, siendo una viuda joven y acompañada de su suegra; cómo finalmente se casó con Booz, el dueño de ese campo donde ella cosechaba, y dio a luz a un niño que llegó a ser el abuelo de otro muchacho pastor llamado David.

Han pasado unos ciento cincuenta años desde que los israelitas entraron a la Tierra Prometida y estas imágenes idílicas de la vida campestre insinúan que todo está en calma. Pero no es así. La primera llegada de los israelitas no fue simple (ver el libro de Josué), y ahora hay tensiones incipientes entre las tribus dispersas, a medida que pueblan la Tierra (ver el libro de Jueces). También ha habido hambrunas. ¿Se ha olvidado Jehová de ellos? ¿Les enviará a algún gobernante que ponga orden en este caos alguna vez? El autor de Rut da una respuesta clara: sí, el Dios de Israel todavía está trabajando (aun en los sucesos de la vida cotidiana del pueblo) para llevar a cabo sus propósitos.

Pastores con su rebaño de ovejas cerca de Belén.

Cambios en la población

Los israelitas habían enfrentado desafíos ni bien entraron en la Tierra. Pese a que la arbolada región montañosa central estaba escasamente poblada, los cananeos que habitaban sus pequeños pueblos y aldeas no habían recibido sin inconvenientes a estos intrusos. Hubo inevitables refriegas en Jericó y en Hai, luego, en las áreas hititas y jebuseas cercanas a Jerusalén y también muchos años después, a medida que los israelitas presionaban al norte. Es por eso que una de las historias más antiguas y dramáticas de la Biblia describe cómo los israelitas –cerca del año 1110 a. C.– tomaron por la fuerza el valle del norte de Jezreel (fundamental para la producción cerealista) mediante la dirección de Barac y de una mujer hábil y valiente llamada Débora.

También hubo hostilidades provenientes de la costa oeste. Alrededor del año 1180 a. C., habían llegado los Pueblos del mar, quienes huían de los conflictos de Grecia continental, y ocuparon cinco ciudades en el suroeste de la Tierra. Todos estos grupos diferentes necesitaban sitios para vivir y tierras para cultivar, lo cual llevó a inevitables tensiones.

Cien años después, los descendientes de los Pueblos del mar, conocidos por nosotros como los filisteos, ejercerían una importante presión sobre los israelitas, que ahora se habían establecido en la zona montañosa. En algún momento durante este período, los miembros de una tribu israelita (la de Dan), quienes originalmente se adjudicaron como su territorio la región a lo largo de la costa mediterránea, decidieron trasladarse bien al norte, debajo del monte Hermón. Para las tribus israelitas evidentemente era más fácil expandirse hacia el Norte que hacia el Oeste.

Arriba: Mujeres en la cosecha de trigo en las colinas de Judea.

Derecha: Trabajando en un trilladero sobre la ladera aterrazada en las afueras de la antigua Nazaret.

Escombros reveladores

La evidencia arqueológica de esta época es fascinante. Muchas ciudades muestran señales de haber sido destruidas por el fuego; pero ellas se extienden al azar por un período de doscientos años y no es para nada claro que estas destrucciones hayan sido causadas todas por los israelitas invasores.

Sin embargo, hay claros indicios de un crecimiento demográfico, especialmente en la región montañosa norte de Samaria, asociada a la tribu de Efraín. Un arqueólogo ha calculado que para el año 1200 a. C. el número de aldeas y asentamientos no fortificados aquí había aumentado, en una generación, de 23 a 114, con un crecimiento demográfico de 14.000 a 38.000. Aparentemente, aunque los israelitas no podían desplazar a los cananeos de algunas de las ciudades centrales, estaban asentándose en lugares que no habían sido ocupados previamente. Un factor clave que posibilitó esta nueva habitabilidad (ampliamente autenticada por la arqueología) fue el uso innovador que hacían de las cisternas cubiertas para almacenar agua y para regar la tierra, así como su contribución a la cantidad de terrazas en las laderas.

Arriba a la derecha: La población de Dan ubicada al norte, en las laderas bajo el monte Hermón.

Arriba: El paisaje aterrazado característico de la región montañosa del Norte, habitada y cultivada por la tribu israelita de Efraín.

Izquierda: 10.000 soldados israelitas, comandados por Barac y Débora, bajaron del monte Tabor para derrotar a las fuerzas cananeas a cargo de Sísara en el valle de Jezreel (Jueces 4–5).

La arqueología también indica que, en cierta forma, no hubo una ruptura cultural drástica: el tipo de alfarería siguió siendo similar, aunque tal vez haya empeorado un poco el nivel de las artesanías. De manera que, en algunos pueblos de los cuales los israelitas presuntamente se apropiaron sin luchar, los arqueólogos no pueden detectar el cambio fácilmente. No obstante, algunas cosas sí se destacan. Después del año 1200 a. C. no fue reconstruido ninguno de los templos locales, dejaron de hacerse las estatuillas votivas y, de manera significativa, la cantidad de huesos de cerdos encontrados decreció marcadamente. Parece que estos recién llegados no comían carne de cerdo.

Desafíos y consensos

Entonces, evidentemente los israelitas habían traído sus creencias religiosas inconfundibles; no se olvidaron de todas las lecciones que con tanto sufrimiento habían aprendido en el desierto. Así que en el duodécimo siglo antes de Cristo, establecieron en Silo su centro de culto: un santuario fijo para la tienda portátil de antaño que había albergado al "arca del pacto". Y, presuntamente, si se aferraban a sus valores, otras personas que habitaban la tierra (o recién llegados), y que se sintieran atraídos por esta nueva fe israelita podrían, con el tiempo, ingresar a su comunidad.

Sin embargo, el consenso siempre era un peligro, como había advertido Moisés. Si las cosas empezaban a irles bien, fácilmente podrían olvidarse de Jehová. La adoración y los valores paganos, menos exigentes en lo moral, podían volver poco a poco, dando lugar al sincretismo religioso. Para los israelitas, esto sería luego un campo de batalla mucho más persistente que aquellas primeras batallas militares. Por tanto, al final de sus campañas, Josué reúne a las tribus en un punto céntrico, Siquem, para un acto de

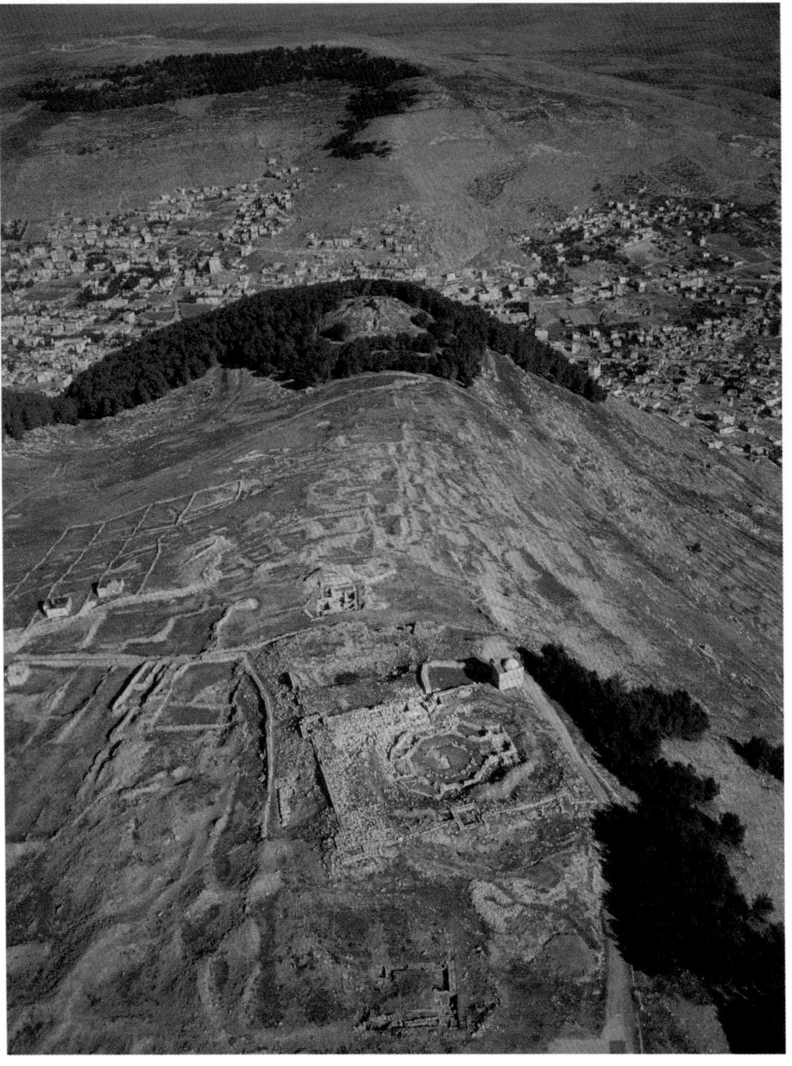

Arriba: Las colinas cubiertas de Silo, donde el arca del pacto de Israel fue guardada por siglos, antes de Salomón.

Izquierda: El monte Gerizim (en primer plano – ver también págs. 66–67), con el monte Ebal más allá, sobre el antiguo sitio de Siquem (ver pág. 16).

Derecha: "«Israel está devastado» se jacta el faraón Merneptah en esta losa que conmemora sus victorias. Reinó entre los años 1213–1203 a. C.

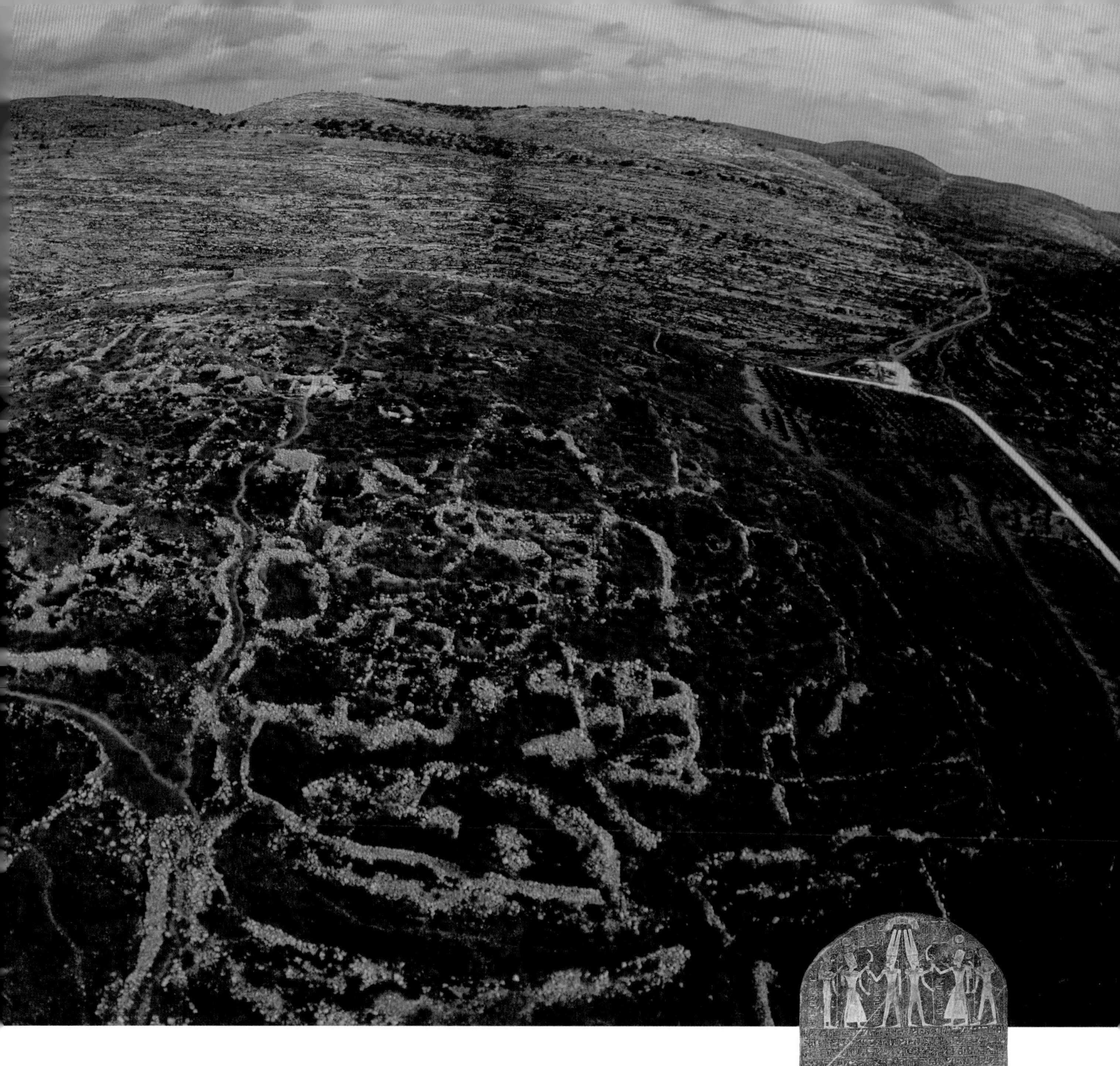

renovación del pacto para servir a Jehová (Josué 24). Levantando la mirada hacia los inconfundibles picos de los montes Gerizim y Ebal, desafía: «elijan ustedes mismos a quiénes van a servir» (v. 15 NVI).

«Serviremos al SEÑOR», afirman ellos. Pero no siempre sería así. El libro de Jueces relata cómo cada uno «hacía lo que le parecía correcto según su propio criterio» (v. 15, NVI). Algunos líderes están seriamente comprometidos: Sansón, Jefté y hasta el heroico Gedeón. Lo que los israelitas necesitaban, a nivel humano, era alguien que pudiera dirigirlos política y religiosamente con firmeza; alguien que los juntara como nación y como el pueblo que adoraba a Jehová.

Es por eso que el escritor de Rut estaba tan interesado en lo que estaba pasando en los campos a las afueras de Belén…

CAPÍTULO 2

LAS TRIBUS Y LOS REYES (1050–587 a. C.)

Una mujer se pone de pie, susurrando. Cerca, un viejo sentado en una silla se pregunta si está borracha. En realidad, ella está orando. Todos los años ha venido aquí, al santuario de Jehová en Silo, anhelando que para esta época el año próximo ya haya tenido un hijo. El año próximo, para su regocijo, habrá de nacerle un hijo.

La era de Samuel y de Saúl

Esta es otra minúscula anécdota en la larga historia de la Tierra Prometida; pero así se forma su historia. Como le sucedió a Rut algunos años antes en Belén, así también esta mujer, Ana, dará a luz a un niño importante: el profeta Samuel.

La búsqueda de un rey

Fue un momento de transición clave para esta "nación" emergente. Después de unos doscientos años de dispersarse por la Tierra, a los israelitas les había llegado el momento de centralizarse un poco. Samuel se criaba en Silo con un viejo sacerdote como tutor, Elí; y, luego, después de ser él mismo el líder real de las tribus, respondería a las insistentes exigencias de ellas, ungiendo primero a Saúl y luego a David como sus reyes.

¿Acaso el pueblo se había olvidado de que se suponía que solo Dios habría de gobernarlos como su rey (no una monarquía, sino una *teo*-cracia)? ¿Estaban rechazando a Jehová? Quizás. Sin embargo, a través de todas las idas y vueltas (descritas gráficamente en el libro de 1 Samuel), los escritores de la Biblia también se dan cuenta de que su Dios estaba aceptando el pedido de su pueblo, aunque se basara en motivos contradictorios, y que lo usaría para acomodar las cosas para llegar a un resultado aún mejor: la aparición de un gobernante consagrado, David.

Abajo: Las ruinas de Silo: el santuario donde se guardaba el arca del pacto, y donde Ana dejó a Samuel bajo el cuidado de Elí (1 Samuel 1–4).

Un enemigo incesante

La joven nación estaba bajo un ataque constante, tanto de los amonitas, al este del río Jordán, como de los filisteos, en las laderas bajas hacia el oeste. Los conflictos limítrofes y las refriegas ocurrían habitualmente, y tanto Samuel como Saúl y su hijo Jonatán tuvieron que rechazar al enemigo.

Este conflicto dio origen a algunas historias memorables. Una de ellas involucra al arca del pacto. Elí se cae de la silla y muere después de escuchar la noticia de que el arca (recientemente llevada de Silo al campo de batalla para proteger a los israelitas), ha sido capturada por los filisteos y colocada en uno de sus templos, dedicado a su dios Dagón. Sin embargo, pocos meses después, hay gran júbilo en el pueblo de Bet-semes cuando sus habitantes ven que dos vacas vienen hacia ellos desde el territorio filisteo, acarreando una extraña carga: ¡el arca estaba volviendo a casa, sin guía!

Otra, se refiere al joven David. Visitando a sus hermanos mayores en el ejército, reacciona ante las burlas del héroe filisteo, Goliat, que reta a los israelitas a combatir contra él. Desdeñando toda armadura, David avanza valientemente, equipado sólo con algunas piedras y una honda. La piedra encuentra su blanco en la frente de Goliat y el filisteo cae muerto. Los enemigos de Israel huyen y la reputación de David comienza a subir vertiginosamente.

Arriba: El valle de Ela, donde David se enfrentó a Goliat.

Más a la derecha: Bet-semes (o «casa de sol»), donde el arca les fue devuelta a los israelitas (1 Samuel 6:9–18).

Derecha: Una pequeña estatuilla de terracota (de no más de 13 cm de altura) conocida como «Asdoda», que representa a una diosa venerada por los filisteos en Asdod (siglo 12 a. C.).

Rivalidad y tragedia

El rey Saúl, siempre inseguro y ahora secretamente envidioso, no puede sobrellevarlo. Durante un tiempo, David es admitido en la corte real pero, finalmente, huye para salvar su vida y se esconde, al principio, en el desierto de Judea, y luego se refugia, extrañamente, entre los filisteos. Es el único lugar seguro para escaparse de las garras de la encolerizada paranoia de Saúl.

La vida de Saúl había estado marcada por momentos brillantes y prometedores, pero hacia el final, reconoció que se había comportado como un tonto. En sus últimas cuarenta y ocho horas, lo vemos aterrorizado en la víspera de una batalla, consultando a una médium en su desesperación por conseguir el consejo del fallecido Samuel, para salir luego a enfrentar a los filisteos en las

colinas de Gilboa, donde es gravemente herido. Le pide a su escudero que lo traspase con su espada, pero luego lo hace él mismo.

Es un final trágico. Y David, a pesar de ser el futuro rey, también se llena de dolor: «Montes de Gilboa... ¡Cómo han caído los valientes!... Saúl y Jonatán... ¡Ha perecido la gloria de Israel sobre tus alturas!» No obstante, ahora esto despeja el camino para que David comience su famoso reinado.

Abajo: Vista al Oeste hacia el monte Gilboa, donde Saúl y Jonatán murieron en combate (1 Samuel 31; 2 Samuel 1).

El siglo cúspide (1020–930 a. C.)

De esta manera, el nuevo rey es coronado. Con la muerte de Saúl, David puede volver a su propia tierra y empezar a ejercer el mando. Al principio, esto será solo en el sur (durante siete años, se radica en Hebrón, el lugar de reposo de los patriarcas), pero poco a poco convence a los que están al norte, que habían permanecido leales a los descendientes de Saúl.

Así comenzó el reinado central de David sobre todas las tribus de Israel, que una era después es considerado el punto culminante en su historia. Bajo David (desde el año 1010 al 970 a. C.), y luego con su hijo Salomón (ca. 970-930 a. C.), el pueblo de Jehová estuvo unido bajo el firme liderazgo central y controló una vasta región, en la que los extranjeros que vivían más allá de Damasco e incluso en el Éufrates pagaban tributo.

Jerusalén, la joya de David

Las tribus dispersas ahora habían sido efectivamente reunidas en una nación, y se necesitaba de una nueva capital. En un movimiento estratégico brillante (como un maestro de obras que deja caer la piedra que corona la estructura en la parte más alta de un arco), David unió la parte del norte y del sur de su reino imponiendo a Jerusalén.

Durante siglos *Yeru-shalem* (o «ciudad de paz») había sido un pueblo jebusita (un enclave cananeo rodeado por las tribus israelitas en expansión), pero David dispersó a los jebusitas y comenzó a construir allí su palacio. Para las dimensiones modernas, la «Ciudad de David» era minúscula (una estrecha estribación de tierra de aproximadamente cien metros de ancho y trecientos metros de longitud), pero tenía la gran ventaja de poder defenderse fácilmente (rodeada por valles escarpados a cada lado, excepto hacia el Norte), y de tener un suministro continuo de agua dulce muy cerca al Sur. Su ubicación en la cordillera central del país la convirtió en el lugar ideal para que David estableciera su gobierno.

Derecha: La ciudad de David (en la colina de Ofel), rodeada por el valle de Cedrón (a la derecha) y el valle del Tiropeón (izquierda); el área del monte del Templo se ve a la distancia, hacia el Norte.

Izquierda: La región montañosa de la tribu de Judá (15 km al sureste de Jerusalén), con vistas hacia la ciudad de Tecoa (a una distancia media hacia la izquierda). Joab ingenió la visita de una «mujer sabia de Tecoa» a David para que lo convenciera de volver a recibir a Absalón en Jerusalén.

Problemas en casa

Sin embargo, no todo era pacífico. David podía vencer a los filisteos y a los amonitas, pero Israel mismo estaba inquieto. La agitación civil necesitaba una mano fuerte. Al leer el vívido relato en el libro de 2 Samuel, pareciera que David, el rey guerrero que triunfaba en los campos extranjeros, hubiera deseado no tener que luchar por la paz interna. Por lo general, le asignaba las acciones severas a Joab, su comandante en jefe.

También había problemas dentro de la corte real y en su propia familia; no solo su adulterio con Betsabé y el asegurarse de la muerte del esposo, Urías. Había una acérrima rivalidad entre sus hijos, y la sucesión al trono era incierta. Amnón, uno de ellos, viola a la hermana de su medio-hermano mayor, Absalón, quien sin demora, asesina a Amnón. Absalón escapa de su padre pero, después de tres años, David se ablanda y le permite volver a Jerusalén. Padre e hijo no se encontraron por dos años más, después de los cuales Absalón se rebela y se apodera del trono en Hebrón. David huye por el monte de los Olivos y se va al desierto. Absalón inmediatamente toma el control de Jerusalén pero, entonces, Joab lleva a las tropas de David a la batalla en una zona frondosa.

David ordena expresamente a sus tropas que le perdonen la vida a Absalón, pero en el tumulto, la cabeza de Absalón queda atrapada en una rama que cuelga de un roble. Cuando las tropas de David regresan a Joab para informárselo, Joab vuelve y clava tres jabalinas en el cuerpo de Absalón. Al escuchar la noticia, David queda desconsolado («¡Oh, mi hijo Absalón!... ¡Si tan sólo yo hubiera muerto en tu lugar!», 2 Samuel 18:33). Finalmente, persuadido por Joab de que su reacción está humillando a las tropas que han peleado tan lealmente por él, David se levanta. Alienta a sus hombres y, con una gran tristeza, regresa a Jerusalén. Todo esto es una trágica historia en la vida de David, un cruel aguijón personal en medio de su éxito público.

Plegarias del corazón

David es justamente recordado también por sus escritos; se le atribuyen unos setenta salmos. Algunos tienen un cariz militar (como el Salmo 18), pero la mayoría posee una entrañable naturaleza personal, ya que él presenta humildemente sus necesidades ante Dios. Estos incluyen la confesión de su pecado con Betsabé (Salmo 51) y, conocido por todo el mundo, su reflexión sobre «el Señor es mi pastor» (Salmo 23). Los escritores bíblicos lo recuerdan (a pesar de sus defectos, los cuales no ocultan), como «un hombre conforme a su propio corazón» (1 Samuel 13:14).

También quiso construir en Jerusalén una «casa» o templo en honor a Jehová. Sin embargo, a través del profeta Natán le fue revelado que eso no era lo que Dios quería: Jehová edificaría una «casa» (o dinastía) para David, pero el santuario que «albergaría» al arca del pacto sería construido por su hijo, el rey Salomón.

Izquierda: El sol de la tarde sorprende al monte de los Olivos. David escapa sobre estas colinas rumbo al desierto más allá, huyendo de su hijo Absalón.

Arriba: Las carros comenzaron a ser parte de la vida en Israel bajo reyes tales como Salomón y Jehú.

Gloria y dedicación

El reinado de Salomón es recordado por muchas cosas: el crecimiento de la prosperidad nacional (que atrajo la visita de la reina de Saba); su obra de fortificación de varias ciudades en el norte del país (como Hazor) para defenderlas de los arameos concentrados alrededor de Damasco; y la construcción de una pequeña flota de barcos para traer obsequios exóticos desde Arabia del sur y, posiblemente, hasta de la India. Mas su legado perdurable, según la opinión de los escritores bíblicos, fue el templo de Jerusalén.

Con piedras cortadas de canteras cercanas, fue construido en el punto más alto de la colina justo al norte de la Ciudad de David y decorado con muebles espléndidos de oro y de bronce. Lo más extraordinario fue que Salomón además firmó un contrato comercial con el rey Hiram de Tiro, que le permitió hacer el techo del templo con cedros del Líbano. La mano de obra de Hiram, según lo convenido, trasladaba la madera hacia el Mediterráneo, y la mano de obra de Salomón (trabajando en turno de un mes cada tres), la traía flotando por la costa y la subía hasta Jerusalén.

Después de siete atareados años de construcción, la dedicación del templo fue un acontecimiento de notable acción de gracias: el pueblo subió hasta Jerusalén desde lejos y de todas partes, para celebrar este logro supremo y disfrutar del festejo, que duró dos semanas completas. «Alabado sea el SEÑOR, quien ha dado descanso a su pueblo Israel», oró Salomón. «...que nunca nos deje ni nos abandone» (1 Reyes 8:56-57).

Derecha: Vista desde las colinas de Moab, del golfo de Aqaba al suroeste, el extremo sur del reino sobre el cual tenía dominio Salomón.

Abajo: El tell de Hazor, la ciudad más grande de la antigua Canaán, a 16 km al norte del lago de Galilea (ver p. ej. Josué 11:10, Jueces 4:2); ocupado por los israelitas, fue construido durante el reinado de Salomón, pero después fue destruido por los asirios (2 Reyes 15:29).

Decadencia y caída

Estas grandes palabras de Salomón en la dedicación del nuevo templo en Jerusalén marcaron el estupendo punto culminante de la historia de Israel. No obstante, a partir de entonces, todo sería cuesta abajo hasta el final.

Por lo menos, así es como lo ven los autores de 1 y 2 Reyes. A medida que describen a los monarcas que sucedieron a David y a Salomón, cuentan un relato de constante decadencia: una historia marcada por la desunión, el desacuerdo y, para su desgracia, la desobediencia de Israel hacia Dios. ¿Si no, qué más habría dividido tan pronto en dos facciones enfrentadas el gran reino establecido por David (con las diez tribus del norte de «Israel» separándose de «Judá» durante la época de los hijos de Salomón)? ¿Si no por qué todo habría terminado en semejante desastre, derrota y desesperación, con la destrucción final del templo de Salomón (en el año 587 a. C.) en manos de ejércitos invasores paganos? Dios, creían ellos, le había hecho promesas clave a David, y estableció su dinastía como una «lámpara» en un lugar oscuro (ver, p. ej. 1 Reyes 11:36; 2 Reyes 8.19). Pero ahora, debido a las estupideces de sus sucesores, la luz de esa lámpara estaba prácticamente extinguida.

Arriba a la derecha: La ciudad de Samaria en la cima de la colina, luego refundada como «Sebaste» por Herodes el Grande.

Derecha: Las colinas suaves de la región de Samaria (o «Efraín»). Antes de ser habitadas por los israelitas, gran parte de las colinas habrían estado cubiertas de bosques.

Izquierda: Excavaciones en la antigua ciudad de Samaria (la capital del reino del norte de «Israel» desde ca. 875–722 a. C.), que muestran el palacio real, relacionado con reyes como Acab (871–852 a. C.), casado con Jezabel, y el rey Jehú (841–814 a. C.).

Una nación dividida

Un hombre llamado Jeroboam dirigió una revuelta y se estableció como rey de otro reino (ubicado inicialmente en Siquem, aunque luego la capital fue llevada a la ciudad de Samaria). Mientras tanto, las tribus de Judá y Benjamín, en el Sur, se mantuvieron fieles al hijo de Salomón, Roboam, quien gobernaba desde Jerusalén. Durante los dos siglos siguientes, ambos reinos estuvieron constantemente divididos por golpes de estado, conspiraciones y una permanente rivalidad irreconciliable entre el norte y el sur.

La única excepción verdadera se produjo a mediados del siglo noveno a. C., cuando Jorán, rey de Judá, se casó con Atalía, una de las hijas de Acab, el rey de Israel. Sin embargo, este intento de reconciliación pronto se desbarató y terminó casi en un desastre para Judá: Atalía tomó el poder por la fuerza como reina madre de Jerusalén y asesinó a todos los príncipes que quedaban, excepto al joven Joás, quien fue ocultado en dependencias del templo y criado allí a escondidas durante siete años. Luego, un viernes en

Arriba: Escribas y soldados asirios, representados en un relieve del palacio de Nimrod (730 a. C.).

Izquierda: El antiguo tell de Meguido (con la escalera circular que llevaba hacia la fuente escondida de agua), escenario de numerosas batallas.

la noche, su tío lo coronó rey y Atalía fue rápidamente ejecutada por el pueblo. De este modo, la línea real de David en Judá había sobrevivido, pero por poco.

Así que había luchas dentro de la nación. Más allá de sus fronteras también se estaban fermentando problemas. Con Egipto al sur y el imperio asirio expandiéndose cada vez más al noreste, la pequeña nación de los sucesores de David siempre estaría en peligro de ser zarandeada por sus vecinos más poderosos y podría ser fácilmente pisoteada por ellos.

Esto se aplica especialmente a los habitantes del reino del norte de Israel, que se extiende a través de la carretera principal (la *Vía Maris*, «el camino del Mar»), conectando Egipto con Damasco. Ellos solían escuchar el ruido de los ejércitos que marchaban por el valle de Jezreel, pasando Meguido y a través de uno de los estrechos desmontes de la cadena del monte Carmelo (ver págs. 34–35). Las colinas que rodeaban Samaria eran un poco más seguras, pero no mucho. Al principio, las tribus del norte se enredaron en disputas con los reyes arameos de Damasco; pero luego, desde aproximadamente el año 800 a. C., apareció (detrás de Damasco y más allá), el escalofriante poderío de los asirios. A medida que se acercaba el maremoto, los gobernantes hicieron coaliciones frenéticas y tratados de paz pero, finalmente, nada pudo evitar la ola que se desplomó sobre sus cabezas. De esta manera, en el año 722 a. C., el reino del norte de Israel fue invadido por el emperador asirio Salmanasar V, y gran parte de la población fue inmediatamente desterrada a distintas ciudades de su lejano imperio.

Una prórroga para Jerusalén

Aquello fue un golpe devastador: la completa desaparición en el olvido de diez de las doce tribus de Israel. Y es entendible que los habitantes de Judá, en el sur, se preguntaran cuándo les llegaría el turno a *ellos*. Apenas veinte años después, parecía que el fin estaba a la vista. Salmanasar V fue sucedido por Sargón II (722–705 a. C.), y después por Senaquerib (705–681 a. C.), quien lanzó una campaña contra los habitantes de Judá porque sus reyes se negaban a pagarle los tributos. Descendiendo por la ruta costera, Senaquerib giró hacia el interior para sitiar y destruir la ciudad fortificada judía de Laquis. La siguiente parada sería Jerusalén.

Por lo tanto, el rey Ezequías, junto al profeta Isaías y a todos los habitantes de Jerusalén, se despertó una mañana del año 701 a. C. para encontrar al comandante en jefe del ejército asirio del otro lado de su muralla. Envían a tres de ellos para que negocien con él, esperando que una palabra tranquila en arameo pudiera llevarlos a una resolución pacífica. El comandante, sin embargo, clama en hebreo para que puedan escucharlo todos los habitantes sobre la muralla: «No escuchen a Ezequías cuando trate de

Más a la derecha: La ciudad de Laquis, derrotada por Senaquerib.

Derecha: Un documento hexagonal de arcilla cocida (conocido como el Prisma de Taylor) registra la primera de las ocho campañas de Senaquerib (hasta el 691 a. C.).

engañarlos al decir: "¡El Señor nos librará!" ¿Acaso los dioses de cualquier otra nación alguna vez han salvado a su pueblo del rey de Asiria?» (2 Reyes 18:32–33). Y rápidamente enumera las diferentes ciudades y reinos invadidos por el emperador asirio, incluyendo, por supuesto, a Samaria.

Ezequías queda consternado, se viste con ropas ásperas y entra en el templo para orar. Entonces, Isaías le envía un mensaje profético:

> Esto dice el Señor: «No te alteres por ese discurso blasfemo que han pronunciado contra mí los mensajeros del rey de Asiria. ... El rey... volverá a su tierra, donde haré que lo maten a filo de espada. ... No entrará en esta ciudad... Por mi propia honra y por amor a mi siervo David, defenderé esta ciudad y la protegeré» (Isaías 37:6–7, 33–35).

Y eso es lo que ocurre. Senaquerib se preocupa por la noticia de que el ejército egipcio viene en camino y luego, su propio ejército, mientras acampa cerca de Laquis y Libná, sufre un número devastador de muertes repentinas. Entonces, el rey asirio se bate en retirada hacia su país y, un tiempo después, es asesinado por dos de sus hijos en un golpe de estado.

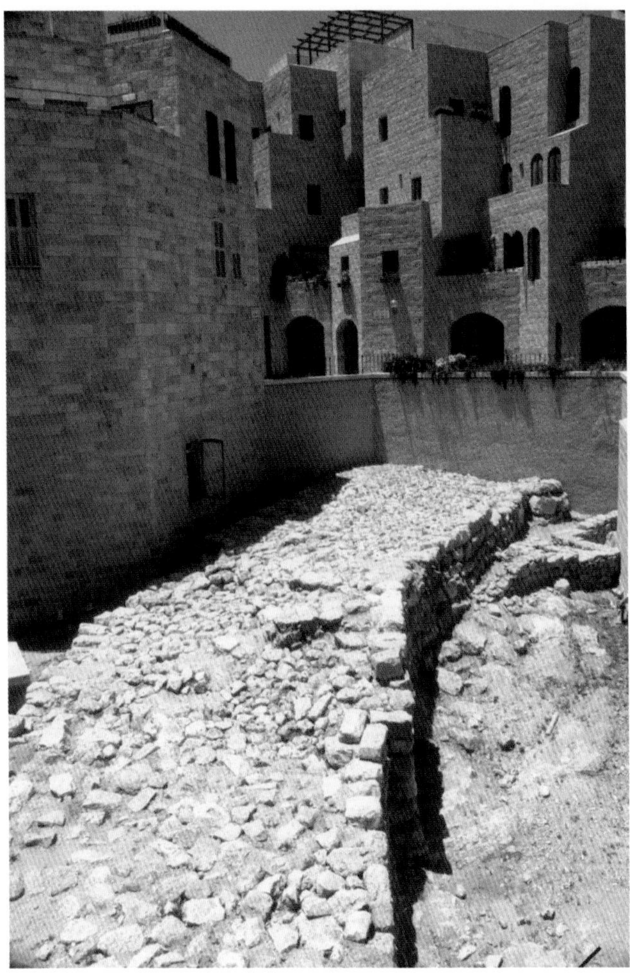

El final de la luz

Jerusalén había experimentado una prórroga espectacular. Al recordar su increíble liberación, los habitantes empiezan a preguntarse si, quizás, esta ciudad que tenía que ver con David podía ser inviolable: ¿tal vez el Dios de Israel siempre le aseguraría protección? No obstante, esta pretendida «teología de Sion» sufriría cierta crítica encarnizada por parte de los sucesores del profeta Isaías, como Jeremías. Ochenta años después (en el 622 a. C.), Jeremías se paraba a la entrada del templo y advertía a los fieles que no siguieran recitando «el Templo del Señor», como si, de alguna manera, la presencia de Dios en su templo significara que nunca podría ser destruido. No, Jehová buscaba que su pueblo corrigiera sus prácticas malvadas e idólatras. El rey de ese momento, Josías, en verdad estaba buscando producir eso, pero el pueblo, al parecer, estaba empecinado en sus caminos

Arriba: La «muralla ancha» (actualmente dentro de la Vieja Ciudad de Jerusalén), construida por el rey Ezequías para mantener a raya a los asirios.

nefastos; y esta casa, que llevaba el nombre de Dios, había sido tan maltratada por ellos que, efectivamente, la habían convertido en una «guarida de ladrones». Entonces, Jeremías declaró solemnemente: «Los enviaré al destierro fuera de mi vista… Derramaré mi terrible furia sobre este lugar» (Jeremías 7:15, 20).

El mensaje de Jeremías fue, desde luego, sumamente antipático. Sin embargo, veinticinco años después, Jerusalén fue derrotada por las tropas de la nueva superpotencia de la región, Babilonia. El rey de Jerusalén, Joaquín, fue llevado a Babilonia encadenado, junto con otras personalidades importantes. Jeremías, el profeta de la fatalidad, vivió para ver el cumplimiento de sus palabras y él mismo también fue desterrado a Egipto. Y entonces, diez años después, en el 587 a. C., el rey Nabucodonosor envió a su ejército a destruir la ciudad de Jerusalén y a quemar su templo.

La narración de 2 Reyes, por consiguiente, termina en un lugar muy triste: treinta y siete años después de ser exilado, el descendiente de David, Joaquín, todavía está desterrado en Babilonia, lejos de Jerusalén. No hay ningún rey davídico en Jerusalén, el templo de Salomón está en ruinas y los pocos habitantes que quedaron en Judá están bajo un gobierno pagano. La mayor parte de la población esparcida a lo largo de todo el territorio está conformada por aquellos que han llegado de otra parte. Por lo visto, realmente la luz de la «lámpara», primeramente encendida en los días de David, se había extinguido.

Izquierda: Las reformas religiosas del joven rey Josías (641–609 a. C.) fueron en parte inspiradas por el descubrimiento en los archivos del Templo de un antiguo rollo (que posiblemente contenía el texto de Deuteronomio: ver 2 Reyes 22:8-20). Este rollo (uno de los Rollos del mar Muerto descubiertos en Qumrán en 1947) se remonta al primer siglo d. C.

Derecha: El túnel impresionante que el rey Ezequías (727–698 a. C.) mandó a construir para llevar el agua potable del manantial de Guijón hacia el interior de Jerusalén, previo al ataque anunciado por parte de los asirios bajo el mando de Senaquerib en el año 701 a. C.

CAPÍTULO 3

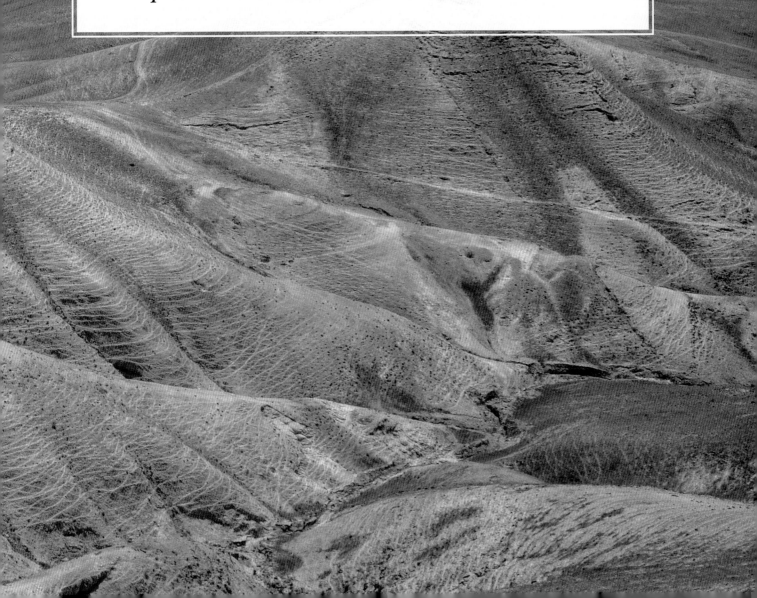

LOS REFUGIADOS Y LOS GRIEGOS (587–40 a. C.)

El agotado profeta contempla partes destruidas de la muralla y llora. El joven sacerdote cumple la orden de acostarse de costado durante muchos días. Los músicos están en silencio; sus arpas cuelgan de los árboles cercanos. Las tres imágenes, poco comunes, indican una escena de total desolación.

La época del destierro

La destrucción de Jerusalén en el 587 fue sumamente traumática. Siglos de esperanza y de fe se hicieron humo; las ambiciones nacionales y los sueños de independencia quedaron enterrados en los escombros. La población de la ciudad y sus alrededores cayó de 250.000 a solo 20.000 personas, ya que la gente huyó a otros lugares de la Tierra o hacia Egipto cuando sus caudillos fueron deportados violentamente a los campos de refugiados, muy lejos hacia el Este, junto al río Éufrates. Gran parte de Judá cayó bajo el dominio local de sus históricos enemigos al sureste, los edomitas. Jerusalén, un lugar con tanto potencial, se había convertido en un páramo.

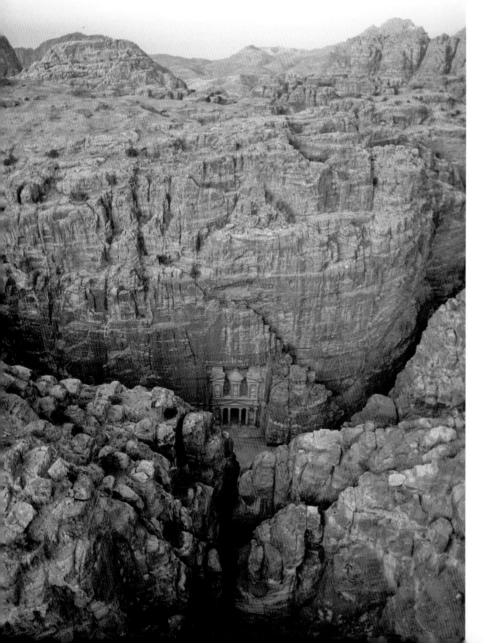

Llanto y silencio

«¡Ay, cuán desolada se encuentra la que fue ciudad populosa! ¡Tiene apariencia de viuda…! ¡Hoy es la esclava de las provincias la que fue gran señora entre ellas!». Así comienza Lamentaciones, el libro del Antiguo Testamento; cinco largos capítulos en los que su autor (tradicionalmente identificado como Jeremías) llora por el destino de Jerusalén. «La bella Sión ha perdido todo su antiguo esplendor… Todo su pueblo solloza y anda en busca de pan… "Fíjense ustedes, los que pasan por el camino: ¿Acaso no les importa?"» (Lamentaciones 1:6, 11–12, NVI).

Mientras tanto, en esos lejanos campos de refugiados, los oficiales babilonios (pese a que en otros aspectos trataban de manera aceptable a los desterrados), se burlaban de ellos: «¡Cántennos una de esas canciones acerca de Jerusalén!». Sin embargo, ellos rehusaban hacerlo: «¿Cómo podemos entonar las canciones del SEÑOR mientras estamos en una tierra pagana?» (Salmo 137:3–4). Los desterrados (cerca de 4500 hombres adultos con sus familias) habían sido la crema y nata de la población, incluyendo a los dirigentes

Izquierda: Vista de Petra, la ciudad que el poeta John Burgon describió como la «ciudad rosa roja casi tan antigua como el tiempo». Petra fue la fortificación impenetrable de los enemigos de Israel, los edomitas, quienes se regocijaron cuando Jerusalén cayó (Salmo 137:7).

políticos, las familias gobernantes y muchos de los sacerdotes del templo, funcionarios y músicos. Así que ellos conocían las notas que se suponía tenían que cantar, pero las canciones sencillamente no llegaban; estaban ahogados por el dolor.

Entre ellos había un sacerdote joven, Ezequiel, quien sintió un poderoso llamado a ser profeta y a representar algunas parábolas insólitas: comer alimentos extraños o acostarse de costado durante cuarenta días para señalar el juicio de Dios sobre Jerusalén por los cuarenta años de su rebeldía.

Derecha: Representación medieval del llanto de los hebreos por Jerusalén.

Abajo: El río Éufrates (cerca de Haditha en Irak actual).

Esperanza en el desierto

Tanto Jeremías como Ezequiel fueron claros en cuanto a que este período de destierro duraría, por lo menos, una generación. No estaban optimistas en cuanto a un regreso inmediato y alentaron a los refugiados para que se asentaran. No obstante, ambos tuvieron profundas palabras esperanzadoras a largo plazo. En Jeremías leemos:

> Porque vienen días… cuando yo haré volver del cautiverio a mi pueblo… la ciudad resurgirá sobre sus ruinas… El que dispersó a Israel, lo reunirá… (30:3, 18; 31:10, NVI).

De manera similar, Ezequiel recibió una impresionante visión en la que la nación de Israel era como un campo de huesos humanos. Entonces, Dios respiró sobre ellos, haciendo que los cuerpos volvieran a juntarse y que recobraran vida; un espectacular anuncio de poder para resucitar que simbolizaba la restitución de la Tierra a Israel.

Estas imágenes y profecías le dieron esperanza al pueblo. Paradójicamente, también se la dieron las severas palabras de juicio de los profetas. Para los desterrados de Jerusalén hubiera sido fácil abandonar la fe en su único Dios: todas las señales parecían indicar que no tenía poder. Mucho más sencillo era dejarse absorber por la cultura de las naciones que los rodeaban: ¿por qué insistir con algo diferente? Sin embargo, eso no sucedió. ¿Por qué? La respuesta yace en esas palabras de juicio, que les permitieron ver la tragedia del exilio «no como la contradicción, sino como la reivindicación de la fe histórica de Israel» (Bright, pág. 349).

Así renació la fe de Israel. De la misma manera en que la nación había sido forjada en el desierto bajo Moisés, ahora (en el penoso «desierto» del destierro) fue *re*-formada. Sintiendo la presión, la purgación y la purificación, el pueblo encontró en su fe la semilla de su renovación y el flujo de su esperanza. Podían estar en el desierto, pero no estaban, y así lo creían ellos, abandonados.

«Hasta el lugar desolado y el desierto estarán contentos en esos días; la tierra baldía se alegrará y florecerá el azafrán de primavera» (Isaías 35:1): tales imágenes solían ser usadas por los profetas para hablar de la restauración de Israel después del destierro.

El siglo del retorno (530–430 a. C.)

Los imperios vienen y van. A lo largo del Antiguo Testamento, el poder de Egipto fue bastante continuo, pero al norte y al este de la Tierra solía haber cambios: los hititas (ca. 1430 – ca. 1180 a. C.) y los arameos (ca. 1100–911), seguidos por los asirios (911–605) y los babilonios (605–539), quienes poco después cedieron paso a los medos y persas (539–331).

Cambios de gobierno

Curiosamente, el gobierno babilonio fue corto. Luego de la muerte de Nabucodonosor, en el año 562 a. C., el imperio babilonio empezó a derrumbarse. Hubo una rápida sucesión de reyes (tres en siete años), seguidos por Nabónido (556–539 a. C.), quien por diez años mudó su capital lejos de Babilonia. Mientras tanto, Ciro II, el persa, había logrado dominar al antiguo imperio de los medos y había lanzado magníficas campañas militares, destruyendo incluso a Sardis, cerca de la costa oeste de la actual Turquía. Babilonia estaba desamparada. En el otoño de 539 a. C., Ciro entró triunfante en la ciudad. Dominaba toda Asia occidental hasta la frontera con Egipto. Sin embargo, para los escritores del Antiguo Testamento, lo fundamental era que Babilonia, la gran enemiga de Israel, había caído.

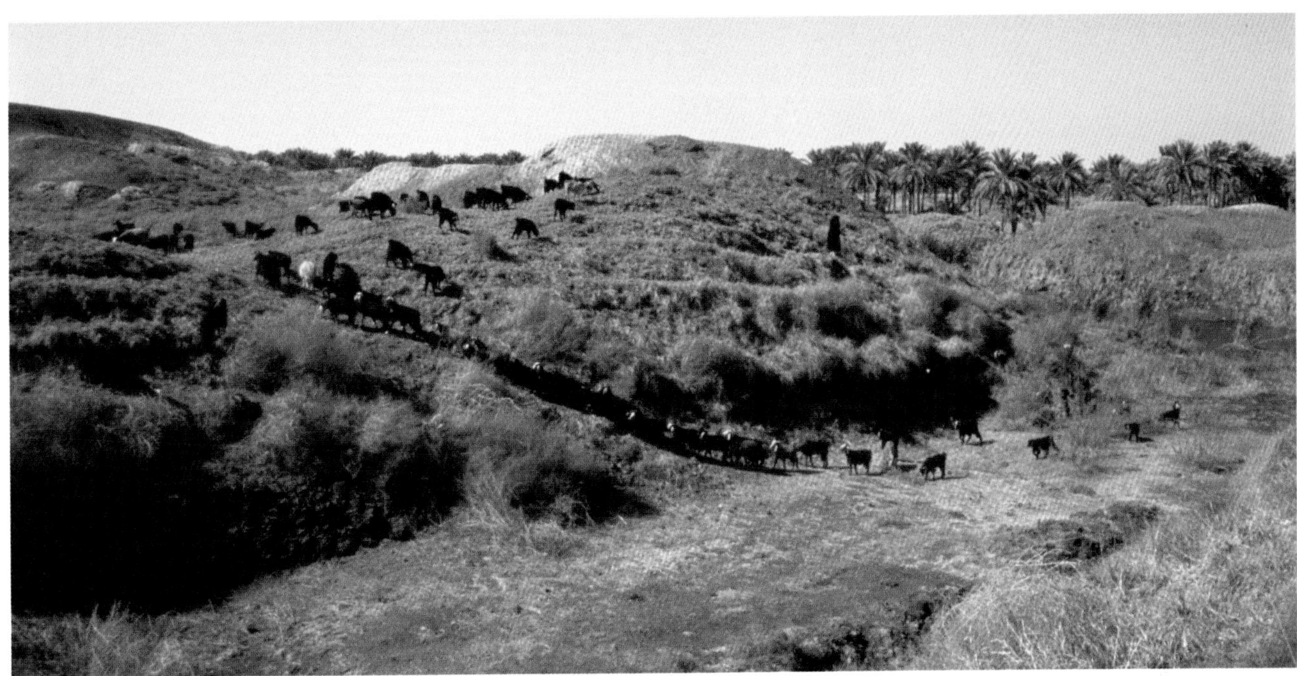

Arriba: Las ruinas de un antiguo zigurat de Babilonia (a la distancia); una construcción enorme, posiblemente se referían a ella como la «torre de Babel» (Génesis 11).

Izquierda: La ceremonia anual de la Pascua de los samaritanos en el monte Gerizim. Se estima actualmente en unos 750, los descendientes de quienes ocuparon Samaria después del exilio de las diez tribus del norte de Israel (en el año 722 a. C.).

Abajo: Un cilindro de arcilla grabado con la escritura cuneiforme babilónica que contiene el relato de Ciro sobre su conquista de Babilonia en el 539 a. C.

Además, durante el primer año de su reinado, Ciro promulgó un decreto, permitiéndoles a los exiliados que volvieran y reconstruyeran el templo (ver Esdras 1:2–4; 6:3–5). Esto formaba parte de una política más amplia que les permitía a los pueblos sometidos a lo largo de su imperio tener algunos rasgos culturales distintivos (aunque estuvieran bajo firme control oficial). Y también fue el extraordinario cumplimiento de las palabras de los profetas de Israel (ver pág. 56).

El primer retorno

El primer grupo fue dirigido por un miembro de la familia real de Judá, Sesbasar; otro, salió poco después bajo su sobrino, Zorobabel. Al parecer, trataron de reconstruir el templo, pero el proyecto pronto se estancó. Es posible que el apoyo económico prometido por el tesoro persa nunca se haya materializado y que los habitantes locales (incluidos los samaritanos, al norte) se resintieran por el regreso de los desterrados. Durante esos primeros años, el sucesor de Ciro, Cambises II, logró dominar Egipto (en el 525 a. C.), pero luego fue sucedido por Darío (522 a. C.), quien pasó los dos años siguientes sofocando varios levantamientos. Durante este período inestable, profetas como Hageo y Zacarías instaron a que se reanudara la obra del templo. Esto alarmó a las autoridades persas, que entonces volvieron a revisar sus archivos; no obstante, el decreto de Ciro fue debidamente descubierto y reconfirmado por Darío.

El templo terminado fue dedicado cuatro años después, en marzo del año 515 a. C. Algunos de los presentes se echaron a llorar cuando vieron su exiguo tamaño; una sombra de lo que había sido en el pasado. En general, esta restitución a la Tierra fue una decepción. En concreto, Zorobabel nunca fue rey, y a la dinastía davídica nunca se le permitió asumir el mando. En lugar de eso, es posible que Jerusalén haya caído bajo el gobierno de los funcionarios que estaban en Samaria y los samaritanos se opusieron enfáticamente a todo tipo de reurbanización transcendental en Jerusalén.

Nueva muralla, nueva comunidad

A medida que otros grupos de exiliados regresaban, el número de habitantes en la región de Jerusalén aumentó gradualmente, y probablemente llegó a 50.000 para mediados del quinto siglo. Aún así, las condiciones eran tales, que ellos todavía se sentían esclavos en su propio país (Nehemías 9:36).

Entonces, alrededor del 445 a. C., Nehemías, un sirviente real, valientemente le pidió permiso al rey Artajerjes I (465–425 a.C.) para regresar a Jerusalén y reconstruir la muralla destruida unos ciento treinta años antes. A pesar de la feroz oposición samaritana, el proyecto fue consumado en cincuenta días; un notable esfuerzo mancomunado.

Más o menos para la misma época, Esdras también volvió para establecer la comunidad de Jerusalén en una posición legal más sólida. Era un experto en la Torá judía y, como resultado de su guía, aunque el pueblo había perdido su condición política, efectivamente adquirió una nueva identidad, gobernado por sus propios códigos legales característicos. El cumplimiento del sabbat, la circuncisión, las normas alimentarias (esos aspectos de la vida comunitaria que habían comenzado a distinguirlos de sus vecinos), eran ahora venerados de una manera nueva en el corazón de la vida comunitaria.

Entonces, las personas de toda la Tierra Prometida que deseaban ser identificadas con el culto del templo, ahora se suponía que vivirían dentro del marco legal establecido por Esdras. Por consiguiente, unos cien años después de ese primer retorno, se había efectuado la transición clave: habían dejado de ser una nación políticamente independiente; éste era un pueblo que ahora se definía por su fidelidad a la ley de Dios.

Más a la derecha: Las excavaciones de la colina de Ophel siguen brindando restos de la Jerusalén de los tiempos de David. Mucho después, Nehemías reedificaría la muralla (Nehemías 3).

Derecha: Desde los tiempos de Esdras en adelante, los rollos de la Torá se convirtieron en un elemento clave en la vida de los judíos, quienes los leen en público cada sábado en las sinagogas.

Los griegos y los romanos

Sorprendentemente, poco se sabe de la Tierra Prometida en los siguientes 250 años. No era más que una parte insignificante y pequeña de imperios mucho más grandes que se extendían a lo largo de la aún más grande región de Asia occidental: los persas, luego el breve reinado de Alejandro Magno (336–323 a. C.), y a continuación, la era de sus sucesores: primero los ptolomeos (que gobernaron desde Egipto, 301–198 a. C.) y luego los seléucidas (que gobernaron desde Antioquía de Siria).

Dentro de la Tierra habría habido una mezcla de etnias, que inicialmente hablaban arameo y que luego habían empezado a adoptar el griego. Muchos se habrán considerado simplemente como ciudadanos dentro de estos imperios diferentes. Se establecieron varias colonias griegas (como Sitópolis), que fueron completamente griegas, o «helenísticas» desde el principio, y que habrían tenido una influencia profunda en la cultura que las rodeaba.

Separados de ellas, estaban los samaritanos (al principio, centrados alrededor de Samaria, quienes fueron trasladados a Siquem después de sublevarse contra Alejandro) y la comunidad judía, centrada en Jerusalén. En efecto, esta comunidad judía había sido un enclave semi-autónomo a lo largo de este período, porque pagaba sus impuestos imperiales pero, por lo demás, se le permitía gobernarse a sí misma según sus propias leyes (como fueron codificadas allá en tiempos de Esdras) y emitir sus diminutas monedas de plata, con el sello de «Judá». Algunos habrán continuado usando el hebreo, en la vida cotidiana y en la adoración. No obstante, en términos generales, parecen haberse contentado con dejar que la marcha de la historia simplemente pasara delante de ellos.

Below: El impresionante teatro en Bet-Sán (conocido también como Escitópolis), una de las diez ciudades de la Decápolis.

Un brusco despertar

Sin embargo, estas aguas calmas estaban listas para ser agitadas cuando, en el año 198 a. C., Antíoco III (223–187 a. C.) aplastó al ejército egipcio en una gran batalla en el extremo norte de la Tierra, en Panias; cerca del nacimiento del río Jordán. Al principio, este cambio de gobierno pareció prometedor: Antíoco el Grande les condonó los impuestos una temporada y permitió que todos los judíos refugiados volvieran a casa en Jerusalén. No obstante, en una generación, las cosas dieron un vuelco dramático para peor. Antíoco IV («Epífanes»), amenazado por el creciente poder de Roma y fuertemente presionado para conseguir dinero en efectivo, empezó a imponerles a sus súbditos agobiantes cargas impositivas y a buscar aportes de varios templos, incluido el de Jerusalén. Para fomentar la unidad política también promovió la adoración a Zeus y, aún peor, la adoración a sí mismo como representante humano de Zeus.

Algunos en Jerusalén estaban dispuestos a aceptar esto. Josué, hermano del legítimo sumo sacerdote Onías III, sobornó a Antíoco para conseguir el puesto de sumo sacerdote y prometió llevar a cabo sus políticas imperiales. Cambió su nombre por el de Santiago y comenzó a imponer ciertos rasgos helenísticos en la ciudad, incluyendo un gimnasio para los aficionados a los deportes. Entonces, un rival (Menelao) lo usurpó y empezó a vender algunos de los tesoros del templo. Santiago le respondió marchando con mil soldados sobre Jerusalén y llevó a cabo una masacre.

Arriba: Las frías aguas de las vertientes del Panias (hoy Banias) fluyen al Jordán. Siglos más tarde, Herodes Filipo cambiaría el nombre de la ciudad por el de Cesarea de Filipo en honor del emperador romano pagano.

Izquierda: La ornamentación helenística indudablemente desafiaba el monoteísmo y los estándares éticos de los judíos.

Antíoco, que volvía de una gran victoria en Egipto, reinstaló inmediatamente a Menelao y saqueó el templo.

Dos años después, en el 167 a. C., Antíoco envió una gran fuerza para reconstruir una guarnición (el Acra) bastante cerca del templo; peor aún, decretó el fin de los sacrificios del templo, prohibió la observancia del sabbat y de la circuncisión, y luego, en diciembre, instaló un altar a Zeus Olímpico dentro del templo, en el que se sacrificaba carne de cerdo. Para los judíos practicantes, ésta fue la gota que rebalsó el vaso: un insulto espantoso y cruel, un acto blasfemo y arrogante; ciertamente, «la abominación devastadora» (Daniel 9:27, BLP).

La resistencia y los sueños cumplidos

A pesar de la persecución brutal, la resistencia judía empezó a crecer. Un grupo denominado los hasídicos (los «leales») fue el pionero; luego, un hombre llamado Matatías comenzó una especie de guerra de guerrillas cerca de Lida. Su tercer hijo, Judas (apodado Macabeo, el «martillo»), llevó las cosas mucho más lejos: derrotó a dos ejércitos militares enviados a Palestina por Antíoco. Es verdad que durante ese año en particular (165 a. C.), la principal preocupación de Antíoco era mantener a raya a los partos, en su frontera oriental. A pesar de eso, envió más tropas aún. Sin embargo, cada vez (en las batallas de Emaús y, un año después, al sur de Jerusalén), esas tropas demostraron no estar a la altura de Judas. Entonces, a casi tres años del sacrilegio, Judas pudo entrar triunfante a caballo en Jerusalén y purificar el templo de su profanación. Este festival de la Dedicación (Januka) fue inevitablemente celebrado con gran alegría.

Así comenzó un período de cien años, llamado el período Asmoneo (en honor a la dinastía familiar de Judas), en el cual la comunidad judía gozó de una cierta independencia ganada a duras penas. Ahora por fin, después de 400 años, podían respirar el aire de la libertad y disfrutar de la tierra prometida a sus antepasados. Ahora, quizás, era válido pensar que su destierro de verdad había terminado.

Arriba: Las enormes estatuas de Zeus y de otros dioses eran un sello característico de los templos paganos; en contraste, el templo de Jerusalén dedicado al Dios de Israel no tenía ninguna representación.

Derecha: En reacción a la actitud concesiva de los principales sacerdotes en Jerusalén, algunos judíos devotos establecieron un "templo" alternativo; por ejemplo, la comunidad en Qumran a orillas del mar Muerto. En su anhelo de que Dios restaurara a Israel, es muy probable que hayan sido inspirados por textos proféticos como el siguiente: *"¡Abran camino a través del desierto para el SEÑOR! ¡Hagan una carretera derecha a través de la tierra baldía para nuestro Dios!" (Isaías 40:3).*

Y, finalmente, pudieron expandirse un poco. De este modo, aunque la gran mayoría de los judíos que se había mudado a regiones fuera de la Tierra (conocidas como la diáspora o la «dispersión») siguió viviendo donde estaba, es de suponer que un buen número eligió, en cambio, volver a la Tierra. Esto incrementó la población judía y permitió que algunas partes del país fueran «judaizadas», especialmente en Galilea y en la región de Decápolis (con sus diez ciudades helénicas). Pequeños grupos de colonos, por ejemplo, restablecieron la presencia judía en Nazaret…

Arriba: Cerámica judía del período asmoneo (165–67 a. C.).

Izquierda: Cuando la comunidad de Qumran fue destruida por los romanos en el 72–73 d. C., los manuscritos valiosos fueron escondidos en cuevas de las proximidades, incluyendo este texto completo de Isaías (ca. 100 a. C.). Estos rollos del mar Muerto fueron descubiertos recién en 1947.

Las esperanzas frustradas

Sin embargo, el sueño estaba a punto de desvanecerse. Un nuevo poder imperial había estado expandiéndose desde occidente, construyendo su flota y armando a sus ejércitos. Finalmente, llegó para conquistar. Pompeyo, el general romano, arribó al Mediterráneo oriental en el año 67 a. C. y sometió toda la región bajo la dominación romana, ahora administrada desde Antioquía, dentro de la provincia siro-palestina. De hecho, él en persona entró al templo; pero no lo profanó activamente. En cambio, se quedó desconcertado de que no hubiera ninguna estatua de un dios en sus recintos, y llegó a la conclusión de que los judíos debían ser «*a*-teos».

Para la población judía, sin embargo, aunque los horrores sacrílegos de Antíoco IV no estaban repitiéndose, la llegada de este nuevo imperio fue un golpe amargo. Tal vez hubiera sido mejor no haber soñado con la independencia en absoluto, a que esas esperanzas (después de un siglo de libertad) fueran frustradas con tanta crueldad. Fueron sembradas semillas de frustración, resistencia y rebeldía; semillas que germinarían en las generaciones venideras.

Arriba a la izquierda: Busto de Pompeyo (muerto en el 48 a. C.), quien, con Craso y Julio César, amplió las fronteras del imperio romano hacia el este.

Arriba a la derecha: Detalle de una embarcación romana a partir de un grabado de piedra encontrado en Pompeya, al sur de Italia.

Derecha: El templo alternativo de los samaritanos en el monte Gerizim (construido en el siglo cuarto a.C., pero destruido por la dinastía asmonea en el 128 a.C.); mucho más tarde (484 d.C.) el emperador bizantino Zenón construyó en ese espacio un templo octogonal.

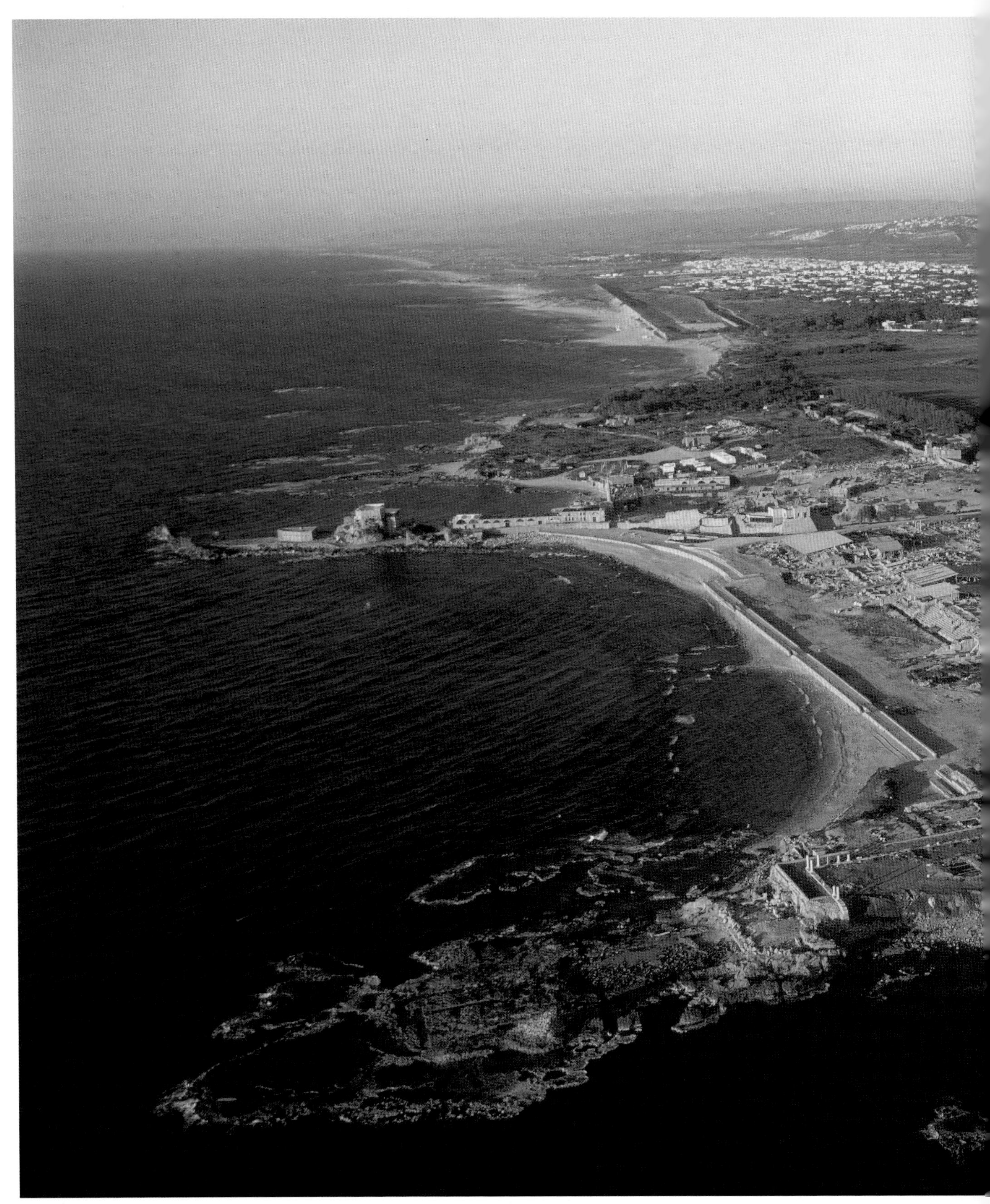

Ciudad sobre la arena: La nueva capital de Herodes, Cesarea Marítima

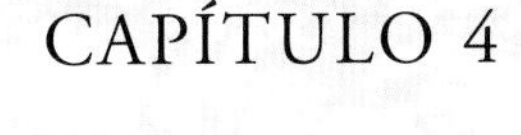

CAPÍTULO 4

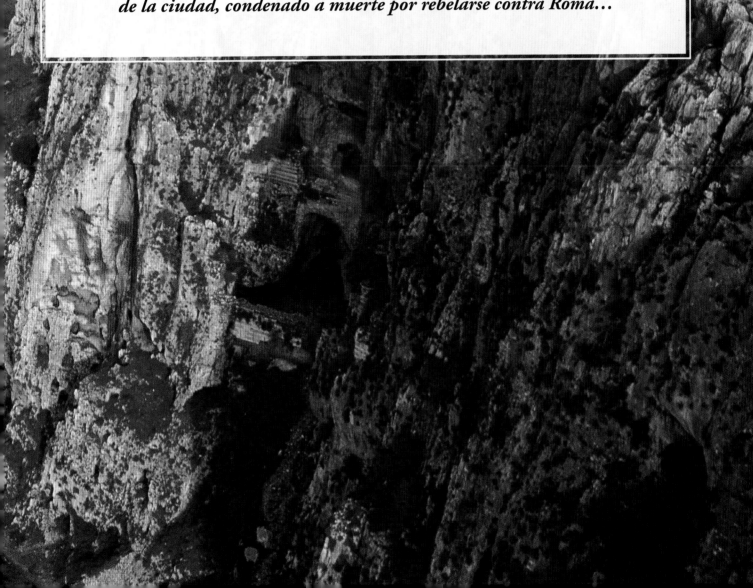

EL SIGLO CRUCIAL (40 a. C. – 70 d. C.)

Un anciano, paranoico en su búnker,
decreta sentencias de muerte para sus súbditos y aun para su propia familia.
Setenta y cinco años después, un joven general derriba olivos a hachazos
para construir máquinas de asalto alrededor de una ciudad hambrienta.
Y, entre ambos, un joven profeta judío de Galilea es llevado afuera
de la ciudad, condenado a muerte por rebelarse contra Roma…

Herodes el Grande

Así llegamos a un siglo crucial y fundamental en la vida de la Tierra Prometida: el siglo en que se vió transformada y totalmente irreconocible, con edificios magníficos y la influencia de la cultura romana, pero que, al final, vio la destrucción de esos edificios por los ejércitos de Roma, mientras que el pueblo judío se levantaba contra esta cultura invasora que estaba arruinando sus sueños de independencia.

El siglo se aprecia mejor, quizás, enfocándonos en tres personas: Herodes el Grande, Tito y, entre ellos dos, Jesús de Nazaret. Cada uno de ellos, de maneras muy distintas, se convertirían en figuras clave en la larga historia de la Tierra Prometida.

Podemos darnos cuenta tanto de sus contrastes como de sus semejanzas. Herodes era solamente mitad judío, provenía de linaje indumeo, pero se había autoproclamado el «rey de los Judíos» y había introducido los valores romanos en el judaísmo. Tito era puramente romano y, después de destruir la capital del judaísmo en el año 70 d. C., llegó a convertirse en el emperador romano y a ser aclamado "señor" sobre el mundo conocido. Mientras tanto Jesús, un judío puro, fue crucificado porque declaró ser el «Rey de los judíos», pero luego sus seguidores lo proclamaron el Señor del cosmos.

Herodes, quien nació en el año 73 a. C., fue nombrado procurador de Judea por Julio César en el 47 a. C. Tres años después, tras algunas batallas encarnizadas contra un rival de la popular familia Asmonea, surgió victorioso. De esta manera, comenzó un largo reinado –de hecho, como rey títere de parte de Roma. Fue sumamente impopular y respondió a ello con tácticas feroces, pero también con una extraordinaria campaña edilicia. Hoy en día, las inconfundibles piedras cortadas por los constructores de Herodes reciben a los visitantes en cada rincón de la Tierra Prometida. En aquel entonces, fueron diseñadas para expresar una clara señal: los judíos eran ahora súbditos dentro del Imperio romano.

Edificios con un mensaje

Esto se ve notablemente cuando construye una nueva ciudad portuaria completa, llamada Cesarea en honor al emperador romano (el «César») con ánimo de provocar. Ya le había puesto a Samaria el nombre de Sebastia (en honor al «excelentísimo» emperador). Ahora, en Cesarea, se aseguró de que hubiera un templo dedicado a adorar al emperador Augusto.

Otras características particularmente romanas de esta capital costera incluían un hipódromo y un teatro. El pueblo no podía más que estar asombrado: por el agua dulce que Herodes les traía a través de un acueducto de once kilómetros; por su sistema subterráneo de alcantarillado (que dos veces al día eliminaba cualquier desperdicio con la corriente); y por su uso del reciente hallazgo del concreto, vertido hacia el fondo del mar para construir una escollera de tres paredes, proveyéndole de este modo a Palestina, al fin, un puerto seguro. No obstante, estos regalos venían con un mensaje.

Lo mismo ocurriría cuando Herodes comenzara a reconstruir el templo de Jerusalén en el año 19 a. C. Nuevamente, sus planes fueron espectaculares. Para ampliar los recintos de los patios del templo, se construyó una inmensa plataforma. Para ello, tuvo que cortarse enormes bloques de piedra, darles su acabado y, luego, subirlos a su posición. Algunos de los que se ven hoy en día son inmensos, tienen casi doce metros de longitud y pesan más de 80.000 kilos; en ese entonces, habrán estado a unos treinta metros sobre el nivel del suelo. Las personas que visitaron Jerusalén en el primer siglo (como los discípulos de Jesús provenientes

Arriba: La fortaleza de Herodes (que sobresale en el extremo norte de Masada) fue construida en dos niveles, unidos por una escalera interna.

Izquierda: Los espectadores en el teatro de Cesarea tenían desde las últimas filas una vista impresionante sobre el Mediterráneo.

de la Galilea rural), no pudieron evitar exclamar: «¡Mira qué piedras tan hermosas!» (ver Marcos 13:1, PDT).

Todo era enormemente impresionante, pero los judíos religiosos bien podrían haberse preguntado si la reconstrucción de Herodes, de su santuario central y símbolo nacional dedicado al Dios de Israel, habría sido contaminada por este rey pagano. Y, dado que existía una creencia judía de largo tiempo de que el templo (después de su destrucción en el año 587 a. C.) sería auténticamente reconstruido por el Mesías de Israel, su «rey ungido», ¿estaba acaso Herodes diciendo

Las instalaciones ampliadas por Herodes dieron espacio para un vasto "Atrio de los Gentiles", área de la cual más adelante Jesús expulsó a los que cambiaban dinero (ver Marcos 11:15–17). Había varios puntos de acceso al templo, incluyendo las asombrosas escalinatas en la esquina suroeste *(izquierda)*. La fortaleza Antonia se orientaba con vista al templo y también al área del Gólgota (*derecha*).

algo políticamente desagradable? Concretamente, ¿que *él* era el verdadero cumplimiento de esta esperanza mesiánica, el verdadero Rey de los Judíos? Sus súbditos, desde luego, lo sentían más como un rey *sobre* los judíos.

Intriga y paranoia

La resistencia contra Herodes continuó, especialmente en Galilea, donde los rebeldes finalmente se escondieron en las cuevas del monte Arbel (ver págs. 70-71), solo para ser ahumados y obligados a salir por los soldados de Herodes, quien llegó a obsesionarse por lo que el pueblo opinaba de él y con el asunto de su sucesor. A medida que afloraban las divisiones dentro de su familia, mandó a matar a varios de ellos. Se casó estratégicamente con Mariamne (de la familia asmonea), pero después también la ejecutó. Josefo describe la paranoia cada vez mayor de Herodes contra sus rivales:

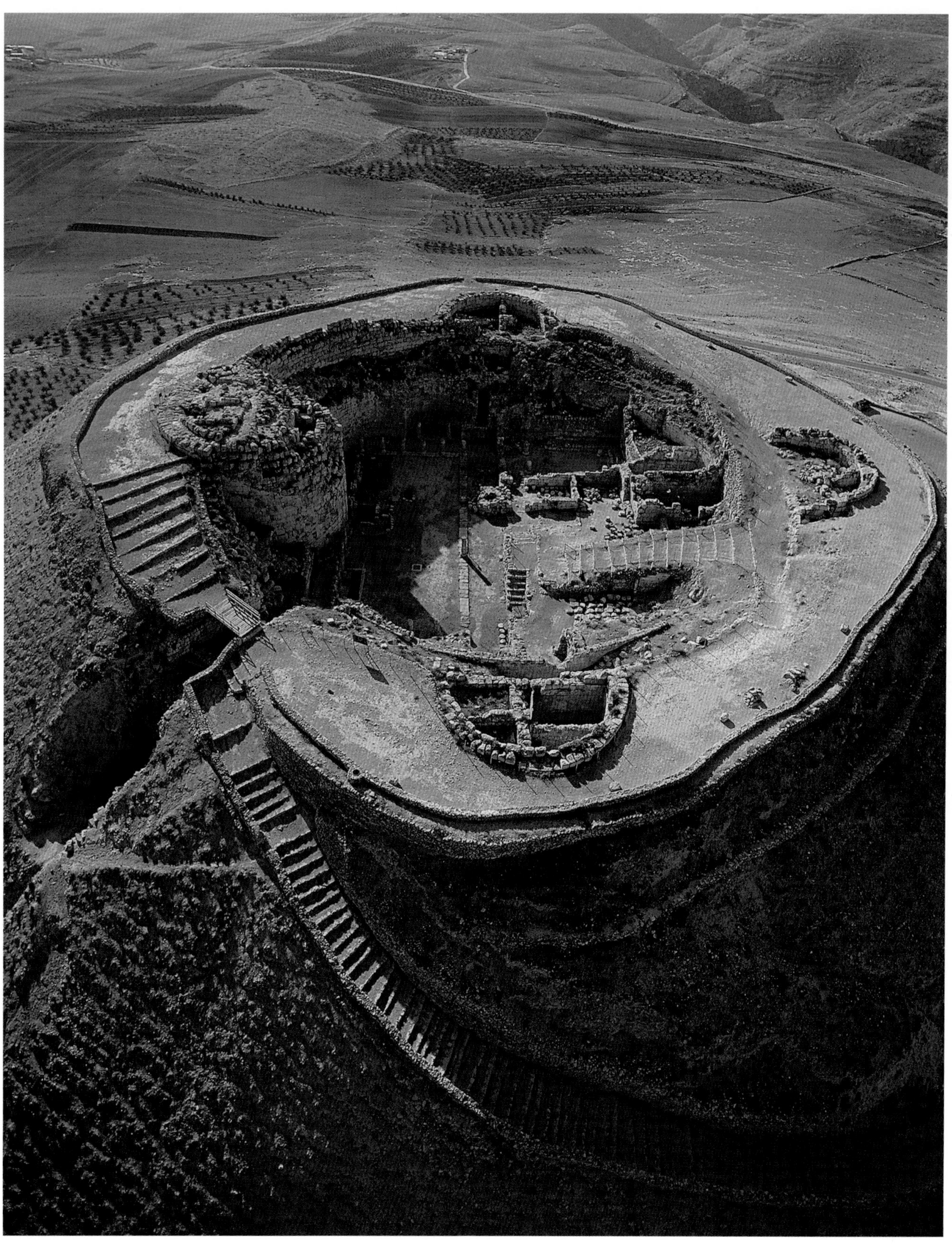

> Al final de sus días, Herodes no confiaba en nadie de su entorno y requería que su escolta personal revisara a toda persona que se acercara a su presencia; aun, y especialmente, a los miembros de su propia familia (Josefo, *Antigüedades* 18.25).

Herodes era odiado por todo el mundo. Cuando finalmente murió, en marzo del año 4 a. C., hubo de inmediato grandes levantamientos, especialmente en Galilea, porque la población judía trataba de sacarse de encima el poder de Roma. De manera que, a lo largo de su reinado, Herodes se aseguró de tener algunos escondites sumamente seguros, tales como las salas del palacio sobre el acantilado sur de Masada (ver pág. 73) y su «fuerte-refugio» (el Herodión) al borde del desierto, cinco kilómetros al sureste de Belén. Edificado sobre una colina natural, su cono proporcionaba un último bastión seguro en caso de un ataque.

Finalmente, Herodes murió en su palacio de invierno en Jericó, de causas naturales (según la mórbida descripción de Josefo, *Antigüedades* 17.6–8). Sin embargo, presagiando su muerte, Herodes intentó un último acto de crueldad. Encarceló a una gran cantidad de destacados funcionarios judíos y dio órdenes (las cuales afortunadamente no se cumplieron) que todos debían morir el mismo día que él, con la esperanza de que toda la alegría que los judíos pudieran sentir al escuchar la noticia de su muerte se mezclara con lágrimas de dolor.

Izquierda: Residencia en el Herodión, con la cúpula cónica, cerca de Belén; recientemente se ha descubierto la tumba de Herodes a mitad del descenso de la ladera.

Abajo: Palacio de invierno de Herodes (*al medio a la derecha),* ubicado al sur del oasis de Jericó.

Jesús de Nazaret

En los últimos años del reinado de Herodes, cuando se retiró a su búnker en la cima de una colina justo debajo de Belén, nació un bebé judío pobre en la aldea hacia el Oeste. No podía considerarse una amenaza para Herodes, pensaría uno. No obstante, meses después, los soldados de Herodes fueron enviados a la diminuta Belén a matar a cualquier varón que tuviera menos de dos años de edad. La vida de este pequeñito tenía que ser cortada de raíz.

¿Por qué Herodes reaccionaba de esta manera? Es posible que hubieran llegado a sus oídos algunos rumores extraños, que en principio habrían hecho correr unos pastores ignorantes. El nacimiento del niño bien podría no haberle llamado la atención, de no haber sido por ciertos visitantes raros provenientes de Arabia que inundaron Jerusalén con sus preguntas, buscando a un niño recientemente nacido como el «rey de los judíos». Semejante rival no debía ser tolerado; definitivamente, ninguno que naciera en la misma aldea que el gran héroe del pasado de Israel, el rey David. Así que envió a los soldados, pero fue en vano. El niño que estaban buscando había desaparecido de repente y había emigrado a Egipto.

Abajo: Los campos de Belén (a mitad de camino entre la aldea y el Herodión). Probablemente los acontecimientos que se describen en Lucas 2 (cuando se anuncia a los pastores el nacimiento de Jesús) ocurrieron en agosto, el único momento del año en que se les permitiría a las ovejas deambular por los "campos" agrícolas recién cosechados.

Un hogar humilde

De esta manera comienza la historia de Jesús de Nazaret, quien, a pesar de sus comienzos adversos, pudo haber cambiado la historia de la Tierra Prometida más que ninguna otra persona. Después de la muerte de Herodes, María, la madre de Jesús, vuelve a Nazaret con su esposo José, a la aldea galilea donde había crecido. Y, hasta donde sabemos, Jesús se queda ahí los siguientes treinta años, a excepción de algunas visitas a Jerusalén para la Pascua. Nazaret tenía una población de unos pocos cientos de habitantes y estaba más que apartada de todo; al estar rodeada de colinas, era el lugar perfecto para estar fuera del candelero. Así que uno bien puede preguntar, como lo hizo uno de los primeros seguidores de Jesús: «¿Acaso puede salir algo bueno de Nazaret?» (Juan 1:46).

Derecha: Las cuevas naturales se usaban a menudo como "habitación del fondo", para mantener abrigados a los animales; una tradición confiable, que data de comienzos del segundo siglo d. C., da fe de que Jesús nació en una cueva de ese tipo.

Abajo: Una vivienda del primer siglo, recientemente reconstruida en las antiguas terrazas de la aldea de Nazaret.

Los orígenes humildes, la educación rústica, la aldea en un lugar atrasado, el olvido efectivo; es difícil que estos elementos sean materia prima para la vida que, podría decirse, cambiaría la historia del mundo. Pero, en algún momento antes del año 30 de nuestra era, Jesús se muda a Capernaúm, un pueblo más grande a orillas del lago de Galilea y, lo que es más importante aún, en la principal ruta del Mediterráneo hacia Damasco, y lanza un ministerio que, con el tiempo, llegaría a ser verdaderamente internacional.

¿Un mesías en Galilea?

La región que rodea al lago (conocido también en aquella época como lago Genesaret o el mar de Tiberias), puede parecer paradisíaca y tranquila en una fresca mañana de primavera. En tiempos de Jesús, debe haber sido bulliciosa y activa, con más de diez puertos que participaban del comercio de la pesca y con la cosecha de frutas y verduras de la fértil llanura de Genesaret a lo largo de todo el año. También era una zona de conflicto en ebullición. Los judíos galileos debían pagar excesivos impuestos; también tenían

Abajo: La sinagoga de Capernaúm, construida en piedra caliza blanca, se destaca entre las pequeñas casas cercanas, que seguramente se construían con roca de basalto negro. La probable ubicación de la casa de Simón Pedro ha quedado cubierta recientemente por un templo octogonal.

Derecha: Una iglesia italiana construida en 1929 en el monte de las Bienaventuranzas, que se encuentra en Capernaúm, conmemora el Sermón del monte dado por Jesús (Mateo 5—7). Los discípulos de Jesús navegaban con frecuencia al otro lado del lago, enmarcado por las alturas del Golán.

que observar la vista mortificante de la ciudad romana que su despreciado gobernador (Herodes Antipas, el hijo de Herodes) estaba construyendo junto al lago en honor al odiado emperador Tiberio (años 14–37 d. C.); peor aún: sobre un cementerio judío. Josefo, el historiador judío, registra cómo los judíos galileos nacieron para ser «guerreros desde la cuna» (*Guerra* 3.3). Galilea era un semillero de disturbios y de nacionalismo ferviente. Solamente se necesitaba de una chispa para que todo ardiera en llamas.

Fue en este marco para nada pacífico que Jesús comenzó su ministerio público de tres años: «¡El reino de Dios está cerca!» (Marcos 1:15). Con razón la gente iba en manadas hacia él. Su fama se extendió más allá de la Tierra, hacia Siria y el Líbano, y atrajo cierta atención de la jerarquía religiosa de Jerusalén. Éste era precisamente el mensaje que los judíos nacionalistas habían esperado escuchar durante siglos. ¡Ahora, por fin, el Dios de Israel estaba a punto de reasumir su legítimo lugar como rey! Pronto la dominación romana se derrumbaría ante Jehová, el verdadero Señor del mundo, y ante el soberano que él había designado, el largamente esperado Mesías de Israel.

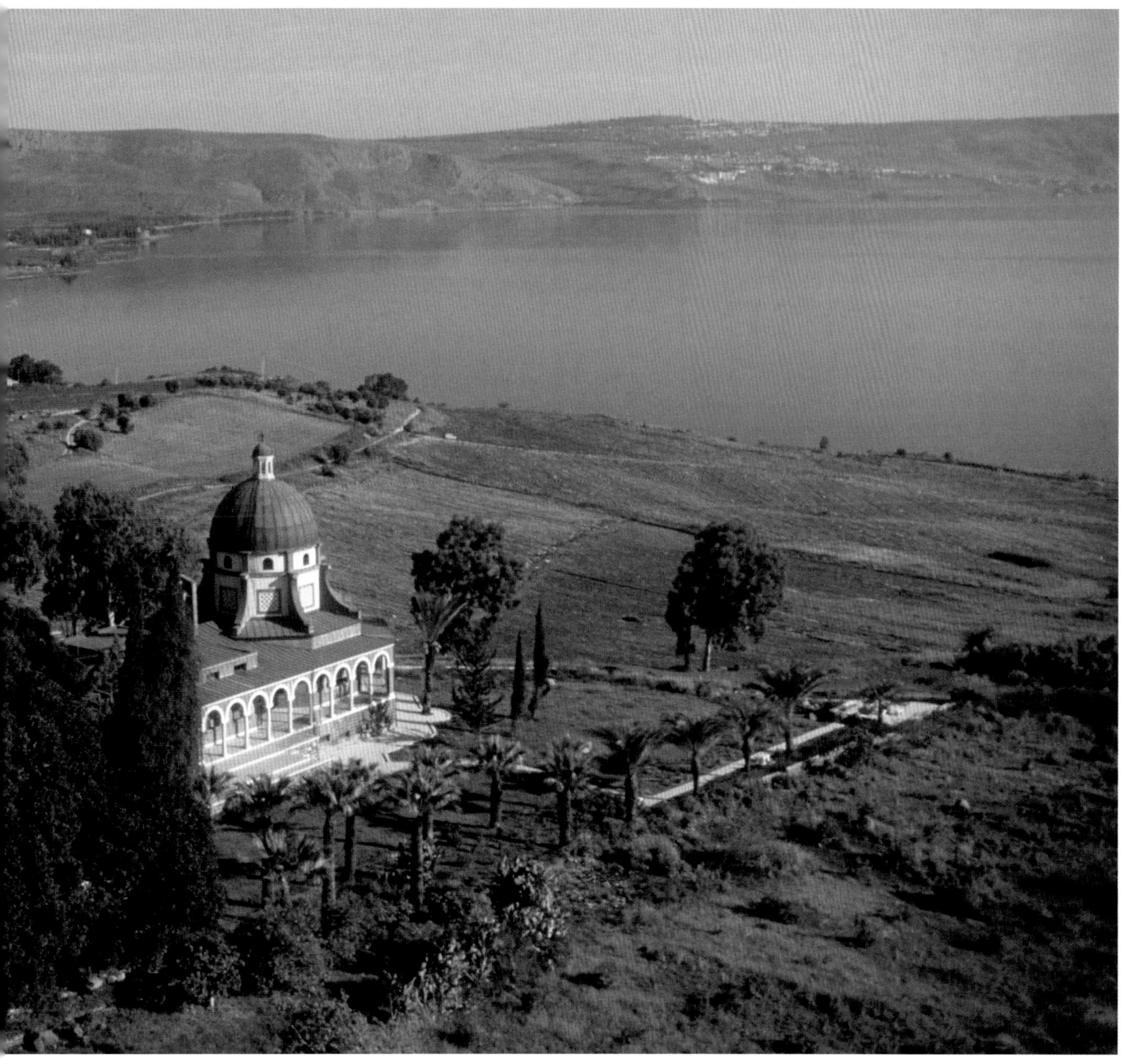

Sin embargo, Jesús no parecía compartir ese sentimiento anti-romano, lo cual llamaba la atención y era decepcionante. «Dichosos los que trabajan por la paz», pregonaba, «...los humildes, porque recibirán la tierra como herencia» (Mateo 5:5, 9; Salmo 37:11, NVI). Así que las multitudes quizás estaban fascinadas por las impresionantes señales del reino de Dios (que vieron en los poderosos encuentros en los que Jesús vencía a las enfermedades, las posesiones demoníacas, e incluso, a la muerte), pero cada vez estaban más desconcertadas y desilusionadas con sus extrañas prioridades mesiánicas. ¿Era él realmente el Mesías? Si lo era, ¡no tenían ninguna duda de que *no* estaba cumpliendo con el rol que habían estado esperando! En un momento dado, por ejemplo, después de que le había dado de comer a 5.000 personas con cinco panes y dos pescados, se quedaron tan asombrados que trataron de convertirlo en rey, pero Jesús se escabulló silenciosamente hacia las montañas para orar. Era claro que sus planes no eran los de ellos.

Extremo derecho: Una foto pintada del siglo diecinueve, del monte de los Olivos: en tiempos de Jesús el camino romano desde Jericó bajaba en forma directa y cruzaba el huerto de Getsemaní.

Derecha: Pescadores en el mar de Galilea. En 1986 se descubrió una embarcación del primer siglo cerca de Magdala, importante centro donde se preservaba el pescado con sal.

Abajo: Anfiteatro natural cerca de Capernaúm, casi seguro el lugar donde Jesús enseñó desde un barco la parábola del sembrador (Marcos 4:1).

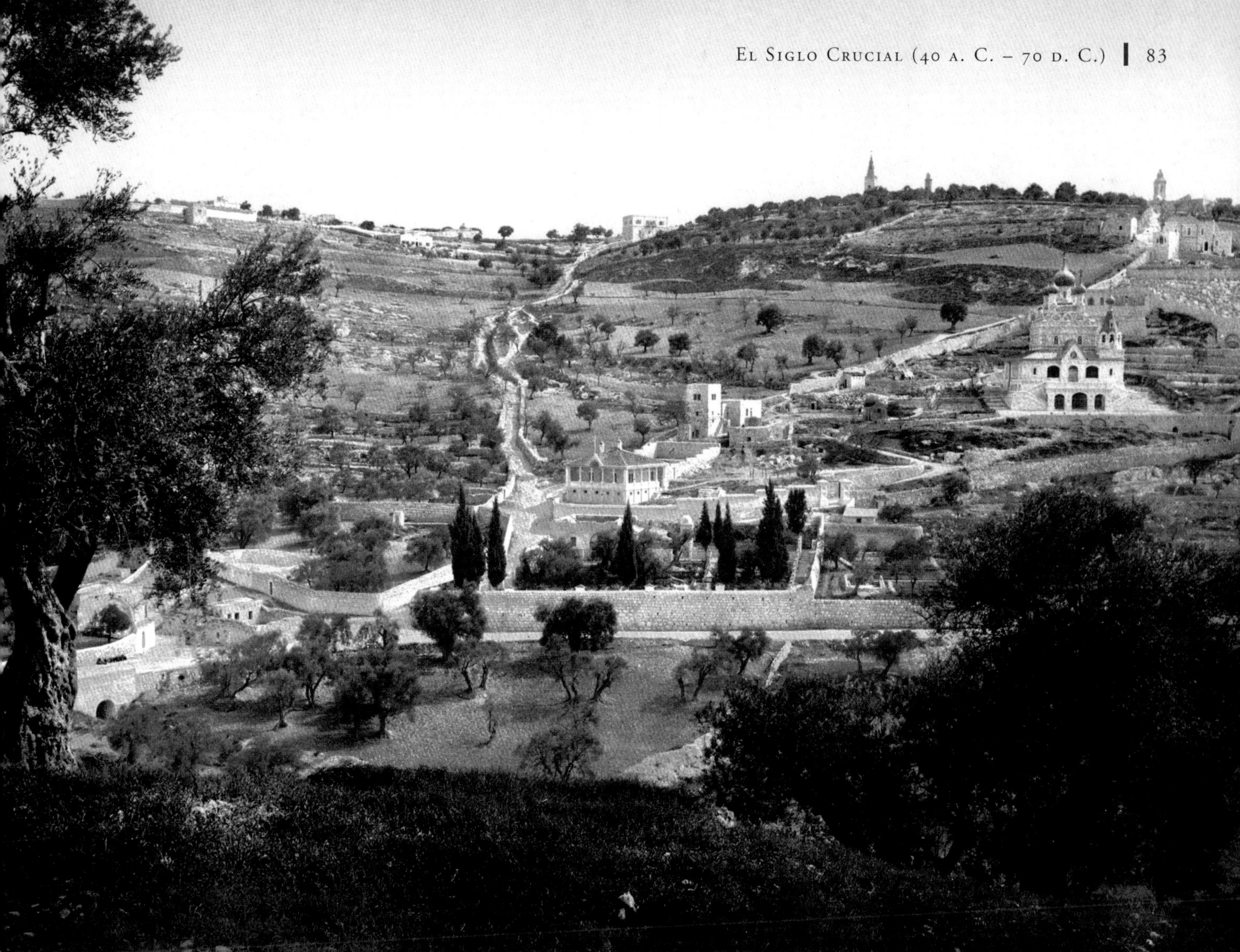

El viaje a Jerusalén

Entonces, un mes de marzo, partió en la visita anual a Jerusalén para la Pascua. Ésta iba a ser su última visita. Los peregrinos galileos viajaron al sur pasando por Jericó, y a través del desierto de Judea, rumbo a su ciudad santa. Jesús había estado antes en este desierto: al comienzo de su ministerio, cuando su férrea determinación de cumplir la voluntad de Dios había sido puesta a prueba en oración y profundamente consolidada en su corazón. Sin embargo, ahora era el momento definitivo de la prueba. Él sabía que una vez que caminara por la cima del monte de los Olivos y entrara en la ciudad, todo llegaría al punto crítico.

Pues aquí, en Jerusalén, él ya no pudo esconder sus declaraciones mesiánicas. Entraría en la ciudad montado en un burro (cumpliendo una profecía del Antiguo Testamento sobre el verdadero rey de Jerusalén), pero ¿lo reconocería la ciudad como su rey? Él demostraría su autoridad y su juicio sobre el templo, pero ¿se darían cuenta estas personas de quién era realmente el que estaba ahora presente en ese «lugar santo»? Él enseñaría en los patios del templo, usando parábolas sobre los arrendatarios de un viñedo que mataban al hijo del propietario y sobre los súbditos rebeldes que rechazaban a su rey legítimamente designado, pero ¿cómo le responderían?

Jesús entra en la ciudad. Como era de esperarse, sus conciudadanos galileos le dan una bienvenida victoriosa, pero en medio de los festejos, él rompe en lágrimas y se lamenta por la ciudad porque no conoce «el tiempo de su visitación». La ciudad (tanto sus líderes religiosos, como sus autoridades políticas seculares) rechazaría a este supuesto farsante mesiánico galileo. A su juicio, sus acciones provocadoras podían, de manera alarmante, agitar hasta el paroxismo las pretensiones de la población y, peor aún, sus afirmaciones mesiánicas eran, evidentemente, absurdas y blasfemas. Él tenía que desaparecer. «Es mejor para ustedes que muera un solo hombre por el pueblo», se le ocurrió

bromear a Caifás, el sumo sacerdote, «y no que la nación entera sea destruida» (ver Juan 11:50).

La historia de las últimas horas de Jesús antes de su muerte ha sido preservada minuciosamente en los relatos sobre la Pasión de los cuatro Evangelios (Mateo, Marcos, Lucas y Juan): su última cena con los discípulos; su caminata por el valle de Cedrón hacia el solitario jardín de olivos de Getsemaní, donde fue arrestado; su regreso escoltado a la ciudad para ser juzgado ante Caifás y el consejo judío (el Sanedrín); su comparecencia ante el procurador romano Poncio Pilato y, por último, su recorrido para ser crucificado entre dos ladrones, justo del otro lado de la muralla de la ciudad.

Su historia continúa

Con esto, la historia de Jesús de Nazaret debería de haber terminado. Cualquiera que terminaba muerto en una cruz romana era, claramente, un Mesías fracasado. Sin importar cuán impresionante hubiera sido su enseñanza moral o su poder espiritual en Galilea, era claro que había fracasado miserablemente en Jerusalén. De por sí, nunca debería haber aparecido siquiera en nuestros libros de historia, pero lo hizo. Y la razón (de acuerdo a cada uno de los escritores

Arriba: Jesús oró en el Getsemaní entre árboles de olivo como estos, bajo la luna llena de la Pascua, aguardando hasta el amanecer el momento de su arresto.

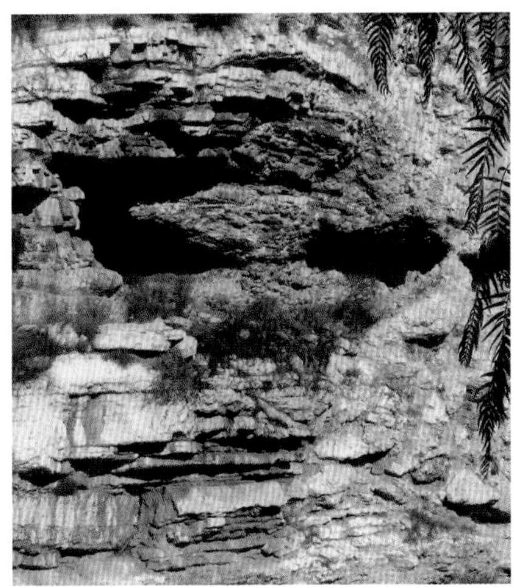

de los Evangelios y a la comunidad cristiana que hoy forma parte de sus seguidores) es que su historia, *no* terminó ahí. Tres días más tarde, aseguran ellos, su sepulcro estaba vacío y él dio inicio a una serie de apariciones en Jerusalén y en Galilea que convenció hasta a sus seguidores escépticos de que Dios de verdad lo había resucitado de los muertos. De ser verdad, la resurrección de Jesús, tiene derecho a ser considerada como el acontecimiento más transcendental que se haya producido alguna vez en la Tierra Santa y, ciertamente, como el verdadero centro, fundamental y crucial, de su prolongada historia.

Izquierda: Jesús fue crucificado en el "lugar de la calavera" (en arameo Gólgota; en latín, Calvario). Este acantilado, ubicado al norte de la puerta de Damasco cerca de la tumba del jardín, recuerda a una calavera. El sitio tradicional está marcado en la actualidad por la Iglesia del Santo Sepulcro (ver págs. 100–107).

Abajo: Tumba del primer siglo, acompañada de la piedra que cubría la entrada.

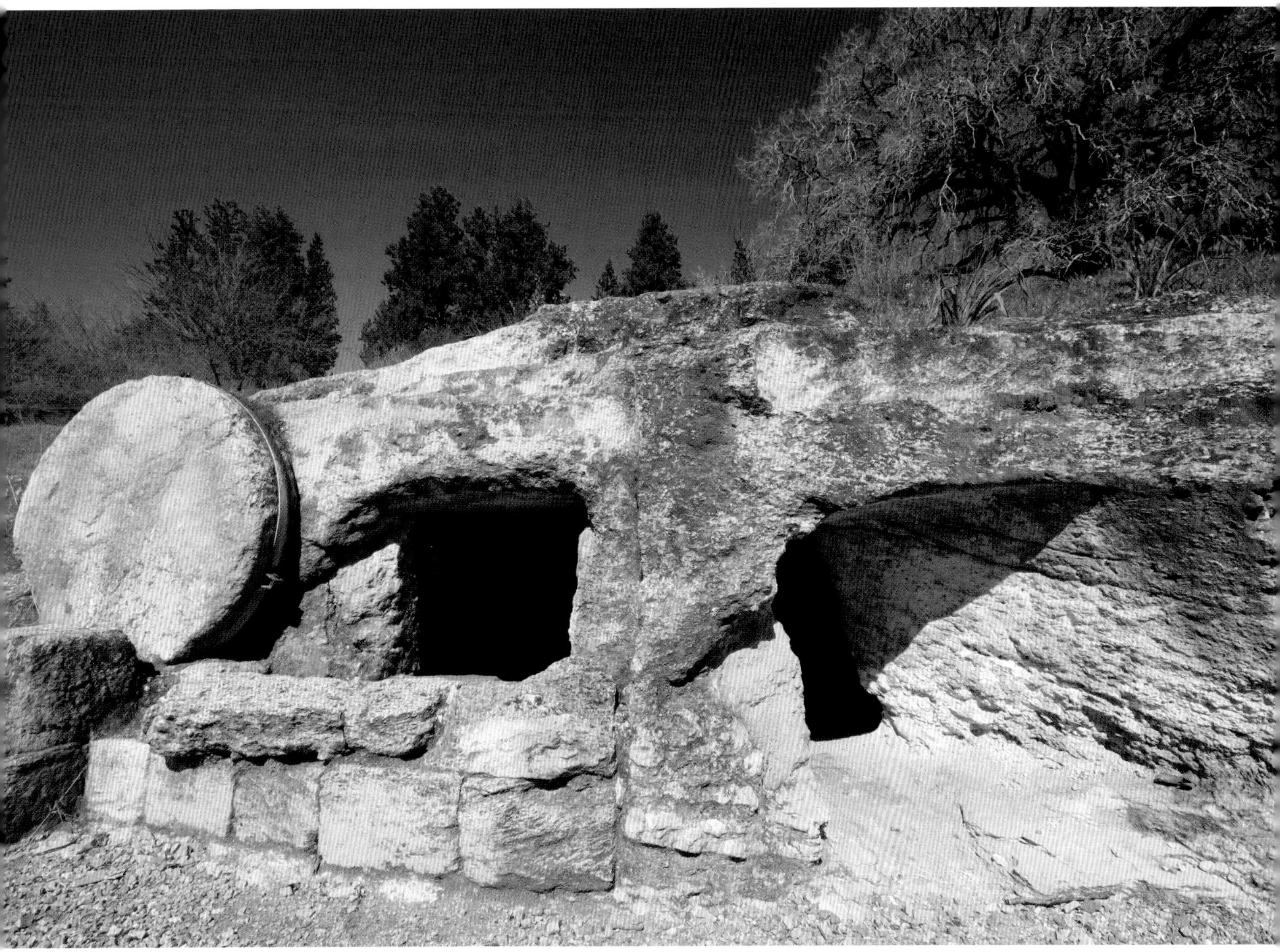

La iglesia primitiva y la caída de Jerusalén

Los siguientes cuarenta años están entre los mejor documentados en la larga saga de la Tierra Prometida: los primeros días de la iglesia cristiana están descritos en Hechos de los Apóstoles (escrito por Lucas en Roma ca. 60–62 d. C.); mientras tanto, para los sucesos que abarcan a la población judía en general, los cuales culminaron en la destrucción de Jerusalén, tenemos al historiador judío Josefo (que escribió en Roma ca. 85–90 d. C.). Ambos sabían que estos eran días críticos para la Tierra Prometida, días de una tensión cada vez más grande entre los judíos y los romanos, pero ellos veían la situación desde puntos de vista diferentes.

Lucas y Pablo: Adiós a Jerusalén

Lucas no era judío y visitó Palestina sólo una vez (57–59 d. C.), cuando acompañó a Pablo, un ex rabino judío, que se dirigía a Jerusalén para la celebración internacional de Pentecostés.

Pablo era una figura controvertida y su visita a la ciudad santa resultó ser breve. Nacido en Tarso, sus padres (posiblemente judíos refugiados de Galilea que habían sido tomados prisioneros después del levantamiento judío) lo habían enviado para que terminara de educarse en Jerusalén y estudiara la Torá con el rabino Gamaliel. Sin embargo, después de lo que posteriormente él describiría como un dramático encuentro con el Jesús resucitado mientras viajaba hacia Damasco, Pablo se convirtió en uno de los principales líderes del joven movimiento cristiano. Una gran parte del tiempo la pasaba fuera de la Tierra (fortaleciendo a las congregaciones cristianas de Antioquía, Asia Menor y Grecia), pero cada cierto tiempo regresaba a Jerusalén.

Sin embargo, esta vez, en mayo del año 57 d. C., su visita es más culminante: lleva una gran ofrenda de dinero, concebida para expresar el amor de las iglesias predominantemente gentiles por los judíos cristianos pobres de Jerusalén (dirigidos por Santiago, un hermano menor de Jesús). No obstante, la atmósfera de Jerusalén es muy tensa y la tirantez entre los nacionalistas judíos y las autoridades romanas es casi palpable. La población local desconfía profundamente de este nuevo movimiento mesiánico, en particular, porque parece tener una actitud demasiado relajada hacia los gentiles (que se unen al movimiento sin ser circuncidados). Entonces, cuando Pablo entra en el templo, es falsamente acusado de llevar ilegalmente a algunos gentiles conversos dentro de los patios internos, que estaban estrictamente reservados para los judíos. Se produce un disturbio y Pablo salva su vida solo porque los soldados romanos llegan rápidamente. Luego, Pablo pronuncia un discurso valiente, dando testimonio de Jesús en las escalinatas de la fortaleza de Antonia (ver pág. 75). Pocos días después, tras varios atentados contra su vida, lo llevan rápidamente durante la noche (¡escoltado por una infantería y caballería de no menos de 476 romanos!) a la capital provincial, Cesarea. Allí, es encarcelado por dos años, antes de ser enviado a Roma para que el emperador Nerón evalúe su caso.

Lucas, uno de sus compañeros gentiles, sobrevive para contar la historia, pero esa visita a Jerusalén, como vemos en sus escritos, evidentemente deja su marca. Lucas pasa los dos años siguientes en Palestina haciendo un trabajo de investigación que dará como resultado un evangelio y su secuela, el libro de Hechos. Ambos libros hablan acerca de los viajes clave a Jerusalén (los de Jesús y los de Pablo), lo cual llevó a que la ciudad los rechazara; y el segundo volumen muestra cómo el centro de gravedad del joven movimiento cristiano, después de su lanzamiento inicial dentro de Jerusalén, poco a poco se aleja: primero a Samaria y a Cesarea (Hechos 8–10); luego, muy lejos de la Tierra y, finalmente, llega a Roma (vista por Lucas como los simbólicos «confines de la tierra»). Al finalizar Hechos, Jerusalén había sido verdaderamente abandonada, en más de un sentido.

Arriba: Un osario (para guardar huesos humanos), posiblemente el de Santiago (hermano de Jesús), mártir por su fe cristiana en el 62 d. C.

Izquierda: Entre el 30 y el 70 d. C. Jerusalén se extendió hacia el norte, con un "tercer muro" que probablemente se ubicaba en línea con lo que después fue la muralla turca *(abajo a la izquierda).*

Derecha: Una placa en piedra advierte a los visitantes gentiles del templo que no avancen hacia el atrio de Israel, bajo pena de muerte.

Josefo: los últimos días

La creciente tensión, a medida que el levantamiento contra Roma se volvía cada vez más probable, pronto significó que otros también abandonarían Jerusalén. Al término de diez años de la partida de Pablo, la aislada comunidad cristiana de Jerusalén, que estaba en aprietos, sintió que el fin de la ciudad estaba cerca y emigró hacia el norte, refugiándose en Pella, una de las ciudades de la Decápolis. Jesús había profetizado explícitamente la destrucción del templo («¡No quedará ni una sola piedra sobre otra!», Marcos 13:2) y les advirtió a sus seguidores de esos catastróficos días que «huyan a las colinas» (Mateo 24:16). Esos días, decidieron sus seguidores, habían llegado.

El ejército romano, bajo las órdenes de Vespasiano, finalmente asedió a Jerusalén en el año 67 d. C. Mucho antes de eso, hubo varios puntos críticos. En el 35 d. C., Poncio Pilato sofocó violentamente una sublevación de los samaritanos en contra de Roma; luego, en el año 39 d. C., el emperador Calígula trató de instalar una estatua de sí mismo en el templo (lo que se evitó solamente porque Calígula murió antes). Hubo masacres espantosas en Jerusalén en el año 49 d. C. (el año que los dirigentes cristianos fueron anfitriones de una «convención apostólica» en la ciudad para discutir la membresía de los gentiles dentro de la Iglesia). Y durante los años 50 y 60 hubo continuos enfrentamientos entre facciones rivales en conflicto. El detonante final fue bastante pequeño (algunos provocativos actos anti-judíos en Cesarea), pero después de tanta tensión en aumento y de años de espera, se necesitó de muy poco para desatar la conflagración.

Derecha: Gamala, sitiada por los romanos; su nombre deriva de su forma característica (semejante a un camello).

Abajo: Pella, en los montes de Transjordania, cerca del mar de Galilea, nuevo hogar de los cristianos de Jerusalén cuando huían del sitio romano.

Arriba: Arco de triunfo de Tito, en Roma, conmemorando la destrucción de Jerusalén: observe el candelabro de siete brazos del Templo (o menorá).

Derecha: Vista hacia el norte de Masada, donde se ve la enorme rampa romana construida en el 73 d. C. para vencer a los últimos zelotes judíos.

Abajo: Vespasiano, quien inició el sitio a Jerusalén.

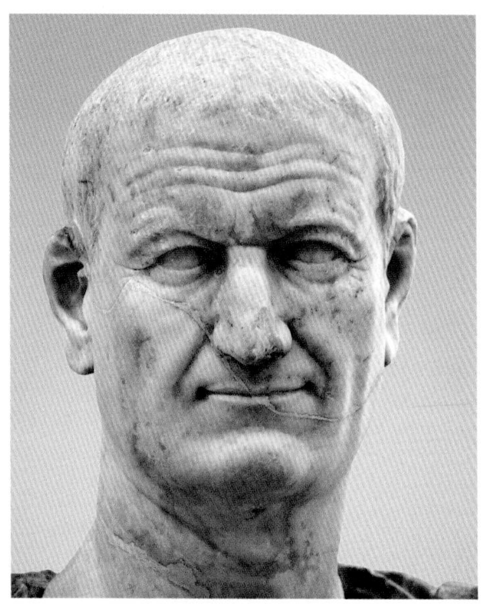

El mismo Josefo era un joven emprendedor que inmediatamente fue puesto a cargo del movimiento judío de resistencia en Galilea. Más tarde, describiría desde su propia experiencia personal algunos de los primeros acontecimientos espantosos de la revuelta: el asedio a la elevada ciudad de Gamala y las batallas navales en el mar de Galilea, que dejaron sus aguas rojas de sangre.

No obstante, en un punto crítico (y después de sobrevivir a un mutuo pacto suicida), Josefo se pasó al bando romano. Fue considerado de confianza por Vespasiano, indudablemente ayudado por su astuta predicción de que Vespasiano se convertiría en emperador (lo cual se cumplió cuando Vespasiano partió hacia Roma en el año 69 d. C.). La tarea de destruir Jerusalén de manera definitiva quedó, por consiguiente, a cargo del hijo de Vespasiano, Tito.

Josefo describe con detalles explícitos esos horribles últimos días del asedio durante los meses de verano del año 70 d. C.: el hambre de los habitantes y, aun, el canibalismo, la guerra interna entre las distintas facciones judías. Finalmente, al término del verano, el templo fue atacado, sus piedras fueron echadas abajo y todas las casas de los alrededores fueron quemadas hasta los cimientos. Después de cien años cruciales en la historia de la Tierra Prometida, el templo de Herodes apenas terminado estaba en ruinas; las palabras proféticas de Jesús demostraron ser ciertas; y el despiadado poderío de Roma, ejercido por Tito, había triunfado.

Ciudad en llamas: La destrucción de Jerusalén

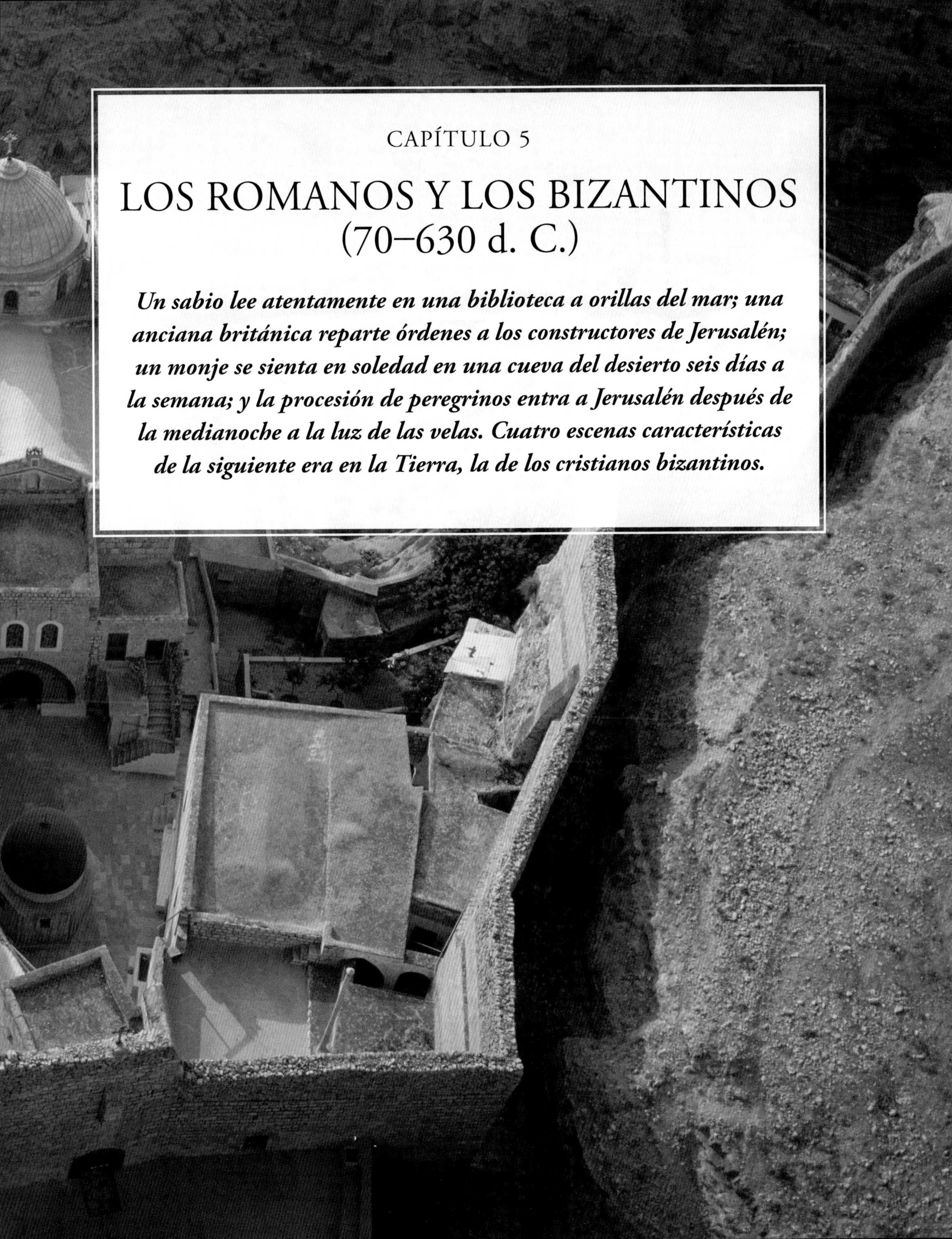

CAPÍTULO 5

LOS ROMANOS Y LOS BIZANTINOS (70–630 d. C.)

Un sabio lee atentamente en una biblioteca a orillas del mar; una anciana británica reparte órdenes a los constructores de Jerusalén; un monje se sienta en soledad en una cueva del desierto seis días a la semana; y la procesión de peregrinos entra a Jerusalén después de la medianoche a la luz de las velas. Cuatro escenas características de la siguiente era en la Tierra, la de los cristianos bizantinos.

Las secuelas

Desde la perspectiva romana, la destrucción de Jerusalén parecía definitiva. Pero sesenta años después, la historia volvió a repetirse. Aunque algunos de la comunidad judía se adaptaron a un mundo sin templo, a muchos de ellos, esto les parecía intolerable. Dirigidos por un hombre llamado Simón ben Koziba, se levantaron en armas contra Roma una vez más, en lo que ahora se denomina la Segunda Revuelta Judía (132–35 d. C.).

Simón era un líder deslumbrante. Pronto, para el lenguaje popular su nombre cambió por el de «bar Kojba» («hijo de una estrella», de acuerdo con la profecía de Números 24:17); y un célebre rabino, llamado Akiba, hasta llegó a declarar que era el ansiado Mesías. Las expectativas crecieron: se empezó a acuñar nuevas monedas para celebrar el «primer» y el «segundo» año de su independencia recuperada. Al tercer año, no obstante, llegó la hora de la verdad con el emperador Adriano de Roma (117–138 d. C.).

Una respuesta definitiva

Adriano sitió la ciudad y, una vez que logró la victoria, decidió que Jerusalén debía ser completamente destruida. En los corazones judíos no habría de quedar esperanza alguna. Así que delimitó una «zona de exclusión» de varios kilómetros alrededor y prohibió a todos los judíos avistar la ciudad santa. Levantó un campamento para el ejército y distribuyó el pequeño pueblo alrededor en un plano cuadriculado completamente nuevo. Peor aún, rebautizó este nuevo pueblo en honor a su propia familia y a los dioses de la Colina Capitolina de Roma: «Aelia Capitolina». De este modo, desde el año 135 d. C., Jerusalén, tanto de nombre como en la realidad, dejó de existir; borrada —o así deseaba Adriano— de la memoria.

Derecha: El monte Sión (en primer plano), lugar donde se reunieron los cristianos después del 135 d. C., ahora al exterior de los muros de Aelia Capitolina (aunque en los tiempos de Jesús estaba ubicada en el sector de la Ciudad Alta).

Inferior: Representación artística del templo pagano y del foro abierto, construidos por Adriano en el lugar de la tumba de Jesús en el nuevo diseño de la ciudad de Aelia Capitolina.

Abajo: Monedas acuñadas en Jerusalén para expresar la Segunda Revuelta Judía.

La comunidad judía tuvo que adaptarse. Años antes, alrededor del 85 d. C., se había llevado a cabo en Jamnia una reunión importante en la cual el movimiento fariseo había entrado en acción. Ahora, después del año 135, este judaísmo farisaico o «rabínico» se volvió aún más fuerte y restableció la identidad judía sobre la base del estudio de la Torá en las sinagogas.

Mientras tanto, el centro geográfico del judaísmo se trasladó a las ciudades del norte, como Séforis y Tiberias. Estas ciudades (paganas en sus orígenes), se transformaron en centros dinámicos de la vida y de la erudición judías. Por eso, alrededor del año 200, en Séforis se produjo una recopilación de tradiciones judías (la Mishná), que varios siglos después continuaría con el Talmud palestino, producido en Tiberias. Durante los siguientes mil quinientos años, o más, la presencia judía clave en la Tierra estaría aquí, alrededor del mar de Galilea.

La pobreza comparada

Sin embargo, los judíos y los cristianos eran una pequeña minoría en la población de lo que los romanos llamaron Siria Palestina. Después de los estragos del año 70 y del 135, nuevos grupos de personas, incluidos veteranos del ejército y colonos romanos, se mudaron a la región. Dichosamente, durante este período hubo pocas amenazas militares desde Oriente, pero la provincia, en su conjunto, era económicamente muy pobre.

Abajo: Símbolos de la cultura pagana: un teatro en la antigua Tiberias.

La única excepción era la capital provincial, Cesarea Marítima. Algunos rabinos habían percibido el contraste implícito —incluso, la rivalidad— entre Jerusalén, la ciudad religiosa de las montañas, y Cesarea, la ciudad cosmopolita sobre el Mediterráneo. Ahora que Jerusalén ya no existía, Cesarea naturalmente alcanzó su momento máximo.

Y fue aquí donde la Iglesia cristiana empezó a echar algunas raíces firmes. Ya hacia el año 200, sus obispos eran reconocidos como los «metropolitanos» y tenían jurisdicción sobre toda Palestina. Había aquí una importante biblioteca cristiana, fundada por un erudito prolífico llamado Orígenes (f. 253/54). No obstante, la comunidad cristiana también fue objeto de intensas persecuciones instigadas por las autoridades imperiales. Eusebio, próximo a convertirse en el obispo de Cesarea, escribió todo un libro (*Los mártires de Palestina*) para enumerar las atrocidades que sufrieron sus contemporáneos durante los ocho años de persecución provocada en el año 303 por el emperador Diocleciano.

Por lo tanto, a comienzos del siglo cuarto, las perspectivas de Palestina en su conjunto –y de la comunidad cristiana en particular– parecían sombrías. Pocos hubieran podido suponer lo que ocurriría a continuación…

Izquierda: Puerta pequeña (parte de una "puerta triple" más grande) construida por Adriano a la izquierda de la puerta de Damasco.

Abajo: El teatro y otras construcciones en Séforis, una ciudad importante en la antigua Galilea (apenas a 7 km de Nazaret).

Mas Abajo: el pequeño templo–cueva, que desde por lo menos el tercer siglo conmemoraba el hogar de María en Nazaret; ahora se encuentra debajo de la Basílica de la Anunciación.

El siglo constantiniano (310–410 d. C.)

En el año 325 d. C., todo cambió repentinamente. Jerusalén vivió un drástico cambio de rostro, producido por la llegada de un nuevo emperador en el oriente: Constantino.

En el año 305, los emperadores romanos Diocleciano (en Oriente) y Maximiano (en Occidente) habían abdicado en favor de sus sucesores elegidos, Galerio y Constancio. Al año siguiente, Constancio murió durante una campaña militar en el norte de Bretania, lo cual agravó la lucha por el poder. Por fin el hijo de Constancio, Constantino (hijo de Helena, una mujer británica), saldría victorioso en Occidente. Durante su campaña, la noche anterior a la batalla decisiva del Puente Milvio, vio una cruz en el cielo y escuchó las palabras «*in hoc signo, vince*» («en este signo, conquistarás»).

Abajo: El emperador Constantino y su madre, Elena, sosteniendo juntos el madero de la cruz.

En consecuencia, cuando Constantino triunfó y comenzó a gobernar la mitad occidental del Imperio, la persecución a los cristianos (que tal vez en ese momento eran un 15 por ciento de la población del Imperio), llegó a su fin. En lugar de eso, trató de emplear sus energías para sus propios propósitos. Así que cuando derrotó a su rival, Licinio, en la batalla de Adrianópolis (año 324), la mitad oriental del imperio (incluida Palestina) se vio ahora bajo un único emperador que había abrazado activamente la causa cristiana.

Una visión estratégica

En julio siguiente, los obispos palestinos —incluidos Eusebio de Cesarea y Macario de Jerusalén— fueron invitados a un concilio espléndido cuyo anfitrión era Constantino, en Nicea, cerca de la nueva capital imperial, la «nueva Roma», construida en el sitio de una pequeña colonia griega llamada Bizancio (ahora con el nuevo nombre de Constantinopla). Rodeados de la pompa de la corte imperial, pudieron conversar con el emperador, soñando sobre el potencial no explotado de una posible «Palestina cristiana».

Pues, trescientos años antes, esta provincia había sido testigo de la vida de un hombre único a quien ahora los obispos adoraban como el Hijo de Dios y Señor del cosmos; una persona que había vivido exclusivamente en Palestina. Entonces, ¿qué podría ser más apropiado que el hecho de que Constantino, elevado para gobernar la mayor parte del mundo conocido, honrara los lugares relacionados con este Rey de reyes? También era algo apropiado que un emperador romano reivindicara en público a alguien que había sido crucificado sobre una cruz romana. Así comenzó lo que ha sido denominado el «Plan Tierra Santa» de Constantino: la construcción de basílicas cristianas (o construcciones reales) en una diversidad de lugares relacionados con la vida de Jesucristo, según estaban registrados en los Evangelios lo cual, para Constantino, también les daba a sus súbditos señales poderosas y unificadoras de su propio reinado glorioso.

Derecha: Vista de la entrada de la tumba de Cristo en el interior de la Iglesia del Santo Sepulcro (para los cristianos ortodoxos orientales conocida más apropiadamente como Iglesia de la Resurrección).

Un hallazgo arqueológico único

La principal prioridad era recuperar del olvido el lugar de la muerte y de la resurrección de Jesús. Los excavadores de Constantino demolieron un santuario pagano que había sido edificado sobre el lugar posible durante el reordenamiento de la ciudad dispuesto por Adriano en el año 135 d. C. Era algo arriesgado. ¿Qué si la memoria cristiana local estaba equivocada? ¿Qué sucedería si no había ahora nada que encontrar?

No obstante, ¡sí había algo! Eusebio describe en términos extensos y efusivos aquel momento increíble cuando, de pronto, «contra todas las expectativas, se descubrió el venerado y reverenciado monumento de la resurrección de nuestro Salvador». Después de «estar enterrado en la oscuridad, surgió de nuevo a la luz», ofreciendo así un sorprendente paralelo con lo que le había sucedido trescientos años antes al propio cuerpo de Jesús: el entierro seguido de la resurrección (*La vida de Constantino*, 3.25). Esta riesgosa excavación arqueológica –casi única en el mundo antiguo– había encontrado su tesoro sepultado.

Los excavadores encontraron otras tumbas cerca de allí y confirmaron que el lugar había sido un cementerio judío del primer siglo. No obstante, identificaron una como la de Jesús (presumiblemente porque se ajustaba a los relatos detallados de los Evangelios) y procedieron a recortar la roca natural que la rodeaba, lo cual permitió que se transformara en una estructura que se sostenía por sí misma. Los devotos podían caminar alrededor de la tumba de Jesús, y pudo ser incorporada como el elemento central debajo de una gran cúpula (conocida como «Anástasis» o «Resurrección», terminada unos veinte años después). Mientras tanto, al este de ella, construyeron un patio y una amplia basílica (conocida como el «Martyrium» o «Testigo», que finalmente fue inaugurada en septiembre del año 335).

Eusebio describe con todos los detalles cómo, poco después del descubrimiento de la tumba, la visitó Helena, la reina madre. Ella encargó dos basílicas más; una, la Iglesia de la Natividad en Belén; la otra, la «Eleona» (o la iglesia del «Olivar») en el monte de los Olivos. Sin embargo, notablemente, no menciona lo que nosotros esperamos: el descubrimiento del madero de la cruz. Hacia fines del siglo cuarto, por todo el Imperio se habían extendido rumores y leyendas de que Helena, por medios milagrosos, había identificado cierto madero, encontrado entre las excavaciones, como la verdadera cruz. Es posible que Eusebio estuviera al tanto de esta historia, pero guardó silencio por escepticismo sobre la autenticidad de cualquier madera encontrada entre los escombros. Para él, el foco estaba en la tumba, que tenía todas las marcas de ser el objeto genuino.

Jerusalén: de nuevo en el centro

Jerusalén volvía a estar en el mapa, y los visitantes concurrieron en masa. En el año 333, un hombre proveniente de Bordeaux escribió un escueto diario de viaje; y existe un recargado relato de una vigorosa monja española,

Derecha: Una vista hacia el suroeste sobre la Iglesia del Santo Sepulcro, que muestra la extensión del templo original de Constantino (desde el edificio grande (*centro*) hasta la calle angosta o pasaje (*abajo a la izquierda*). Observe también el minarete de la Mezquita de Omar y la torre de la Iglesia Luterana del Redentor (*centro, a la izquierda*).

Egeria, que la visitó alrededor del 384. Algunos fueron y se quedaron para establecer comunidades monásticas en el monte de los Olivos o en Belén.

Todo esto tuvo enormes repercusiones para la congregación cristiana de Jerusalén. Hasta ese momento, había sido bastante pequeña. En su primera *Historia eclesiástica* (ca. 290), Eusebio dice que los cristianos de Jerusalén guardaban una lista de sus obispos, conservaban algunos archivos importantes y atesoraban una silla que aseguraban había sido usada por Santiago, su primer «obispo». Sin embargo, ahora, se vieron en el epicentro del nuevo mundo cristiano. Ya no existía Aelia Capitolina; Jerusalén había renacido, lo cual hizo que Eusebio la comparara con la «Nueva Jerusalén» profetizada en Apocalipsis 21–22.

Las cosas se transformaron aún más bajo la personalidad extravagante de Cirilo, el obispo de Jerusalén desde el 348. Cuando daba sus clases de bautismo ese año, desarrolló más este tema de la «superioridad» de Jerusalén. Esta era la ciudad de la cruz y de la resurrección; donde se instituyó la Eucaristía y donde se dio la principal concentración de la encarnación. «Otros solamente escuchan, pero aquí nosotros podemos ver y tocar». Describió con orgullo cómo «el madero de la cruz» se había difundido de Jerusalén a «todo el mundo» (*Lecturas catequéticas*, 14:26; 13:22; 10:19).

Arriba: Iglesia de la Natividad, rediseñada por el emperador Justiniano (527–565). El piso de mosaicos que pertenecía a la primera basílica construida por Constantino puede ser observado por los visitantes debajo de las trampillas (abajo a la izquierda).

Izquierda: Una vista poco frecuente de Belén nevado, mirando hacia el oeste hacia la Iglesia de la Natividad y tras ella la Plaza del Pesebre.

Abajo: La Capilla armenia de Santa Elena (por debajo del nivel del piso de la Iglesia del Santo Sepulcro), que conmemora el descubrimiento de Elena del "madero de la cruz" en esta cisterna o en una cercana.

El entusiasmo de Cirilo por Jerusalén es evidente en el desarrollo de la «Semana Santa», una fiesta de ocho días, desde el Domingo de Ramos hasta el día de la Pascua, en la que se recordaba el último recorrido de Jesús en secuencia y en sus sitios originales, con procesiones en las afueras de Betania, oraciones a la luz de las velas en Getsemaní y vigilias nocturnas en la zona alrededor del Gólgota. Celebrar la Semana Santa en la Jerusalén de Cirilo debe haber sido agotador, pero también, profundamente conmovedor y edificante.

Y cuando las personas regresaban a sus lugares de origen, naturalmente preguntaban a sus ministros eclesiásticos si esto se podía implementar ahora en su tierra. De ese modo, en el término de los primeros cien años después de Constantino, todo el formato del Año Cristiano (desde el Adviento y la Navidad hasta la Pascua y Pentecostés) se difundió por el Mediterráneo; otro de los legados de Jerusalén al mundo en su conjunto.

Toda esta costumbre se ha repetido desde entonces, ya que los visitantes cristianos llegan a la Tierra Prometida de todas partes del mundo para celebrar la historia de Jesús en los sitios reales, donde sucedieron por primera vez los acontecimientos, o muy cerca de ellos. Quienes pertenecen a denominaciones históricas (ortodoxos, católicos, armenios, coptos o etíopes) usan las formas litúrgicas, que en general son casi iguales a las de la época de Cirilo. Y, aunque hablen idiomas distintos o tengan tradiciones diferentes, hay algo singularmente poderoso para que todos ellos proclamen juntos en Jerusalén ese mensaje que se escuchó por primera vez en las afueras de la muralla de la ciudad, el primer día de la Pascua: «¡Él no está aquí! ¡Ha resucitado!»

Derecha: "¡Christos anestee!" (Del griego, "Cristo ha resucitado"): El momento largamente esperado cuando en el Sábado de Gloria el patriarca de la Iglesia Ortodoxa Griega recibe y entrega el Fuego Sagrado en la entrada de la tumba de Cristo.

Extremo derecho: Vista de la Rotonda (que se completó originalmente en la década del 340 d. C.) en la Iglesia del Santo Sepulcro: los fieles rodean el *aedicule* (construido sobre la tumba de Cristo), esperando la llegada del Fuego Sagrado, un símbolo dramático de la resurrección de Jesús.

El dominio de Bizancio

Constantino nunca visitó la Tierra Prometida, aunque en su lecho de muerte dijo haber deseado ser bautizado en el río Jordán. Sin embargo, su marcado interés por la Tierra dejó un legado perdurable para los tres siglos siguientes, hasta la llegada del islam (en el año 638 d. C.) y, de hecho, más allá.

Jerusalén vivió un resurgimiento y se convirtió en un centro internacional de la Iglesia a nivel mundial. Su población se colmó con los nuevos residentes cristianos, en su mayoría de habla griega, con una minoría numerosa procedente de las afueras del imperio bizantino; desde Siria, por ejemplo, y de Armenia (el primer país en haber adoptado la fe cristiana como su religión oficial, en el año 301).

La construcción masiva

La construcción se desarrolló rápidamente; se hicieron calles y casas nuevas. Luego de que la Iglesia del Santo Sepulcro fue terminada, aparecieron más basílicas: una fuera de la ciudad, en la cima del monte Sión, para conmemorar los sucesos de Pentecostés y para indicar el lugar donde la comunidad cristiana había adorado durante la época de

«Aelia»; la otra, dentro de la muralla, la «nueva» iglesia dedicada a la Virgen María.

El fenómeno de la Jerusalén cristiana resultó especialmente atractivo para las mujeres. Además de las ya mencionadas Elena y Egeria, nos enteramos de otras visitantes entusiastas, como Paula y Eustaquia, ambas amigas de Jerónimo, un monje de Belén; y de las monjas que vivían en el monte de los Olivos, cerca de la nueva «iglesia elegante» de Getsemaní, quienes se sumaron a los festejos litúrgicos de la ciudad.

Extremo izquierdo: Un amplio diseño en mosaico que muestra la Palestina bizantina, en el interior de un templo del siglo sexto en Masada, Jordania.

Abajo: Modelo en madera balsa de la Jerusalén bizantina, mirando hacia el Sur desde el área de la moderna puerta de Damasco, por el Cardo Maximus hacia la Iglesia de Constantino del Santo Sepulcro (detallado más arriba).

Algunas mujeres también ofrendaron generosamente de sus propias fortunas para financiar esta construcción masiva. Poemenia financió la construcción de una pequeña edificación octagonal en la cima misma del monte de los Olivos. Este «Imbomon» conmemoraba el momento de la ascensión de Jesús, que anteriormente había sido recordado en la iglesia Eleona de Constantino, construida sobre una cueva a cincuenta metros hacia el sur. Sin embargo, a los peregrinos les parecía que esta «cueva de la ascensión» era un contrasentido inútil, y por eso agradecieron mucho cuando la pequeña construcción de Poemenia quedó adecuadamente abierta al cielo, ¡algo mucho más fácil para su imaginación!

De manera similar, en el siglo quinto, la emperatriz Eudocia (esposa de Teodosio II), quien visitó Jerusalén por primera vez en el año 438, financió otros proyectos edilicios y, finalmente, murió allí en el año 460. Gracias a su patrocinio, se completó la muralla de la ciudad y se instaló cimientos para otra basílica; esta vez para recordar al primer mártir cristiano, Esteban, que había muerto en algún lugar al otro lado de la muralla de la ciudad (probablemente, como pensaron ellos, en la zona norte de la Puerta de Damasco).

Arriba: El amplio sector de la plataforma del Templo de Herodes, que en forma intencional los cristianos bizantinos dejaron inconclusa como testimonio de las predicciones de Jesús sobre la destrucción del templo.

Los peregrinos exigen espacio

También hubo obras fuera de Jerusalén: los peregrinos cristianos inevitablemente querían visitar Galilea. Si bien la población de esta región era predominantemente judía, el conde José le había hecho una petición a Constantino, solicitándole permiso para construir algunas iglesias pequeñas y había tenido éxito, pese a cierta oposición local, tanto en Nazaret como en Capernaúm, donde desde el siglo primero habrían vivido probablemente algunos grupos pequeños de cristianos judíos.

Pronto fueron identificados otros lugares del Evangelio, como Caná (que recuerda la asistencia de Jesús a la fiesta de una boda), el monte Tabor (como escenario de la transfiguración de Jesús) y Heptapegon (o «siete fuentes»). El último de ellos (conocido ahora en árabe como Tabgha) estaba junto al lago, justo antes de que los peregrinos llegaran a Capernaúm. Aquí se podía conmemorar una variedad de episodios del Evangelio: el sermón de Jesús en el monte, los encuentros con sus discípulos pescadores y la milagrosa alimentación de los cinco mil.

Derecha: Cinco pilares de la calle principal norte a sur (Cardo Maximus) en la Jerusalén bizantina.

Abajo: Piso de mosaico en la sinagoga del siglo sexto en Beit Alfa, donde se representa (*en primer plano*) el sacrificio de Isaac por parte de Abraham (Génesis 22).

Es muy probable que muchos de estos lugares no hayan sido correctamente identificados de acuerdo con el testimonio bíblico. La alimentación de los cinco mil, por ejemplo, según la descripción de los autores de los Evangelios fue en un lugar «alejado y desértico» (supuestamente a una distancia considerable tanto de Capernaúm como de Betsaida y, por consiguiente, bien lejos en la orilla noreste del lago). Sin embargo, estas identificaciones erróneas fueron resultado de algunos detalles prácticos básicos. Los peregrinos de entonces, como los de la actualidad, solían preferir lugares específicos, no ubicaciones imprecisas ni meras posibilidades; además, algunos de los lugares originales fueron difíciles de localizar y estaban verdaderamente apartados. Por ejemplo, el lugar de la transfiguración de Jesús (como sugirió correctamente Eusebio) bien pudo haber estado al norte del país (en las estribaciones del monte Hermón), pero unos pocos años después, fue mucho más conveniente para el obispo Cirilo optar rotundamente por el monte Tabor, cerca de Nazaret.

El anhelo de los peregrinos por identificar los lugares del evangelio provocó que muchos sitios fueran seleccionados durante este período bizantino inicial, todos los cuales, aunque hayan sido elegidos por motivos razonables, pocos pueden atribuirse el mérito de ser estrictamente auténticos. En cambio, es más probable que sean auténticos aquellos sitios que fueron identificados *antes* de la llegada de Constantino (como el lugar donde nació Jesús y donde fue sepultado, su casa en Nazaret y la casa de Pedro en Capernaúm). Además, el pozo de Sicar (donde Jesús se sentó a hablar con la mujer samaritana, relatado en Juan 4) puede identificarse con certeza: los pozos no se trasladan. ¡Aquí por lo menos el visitante cristiano sabe que «la X señala el lugar»!

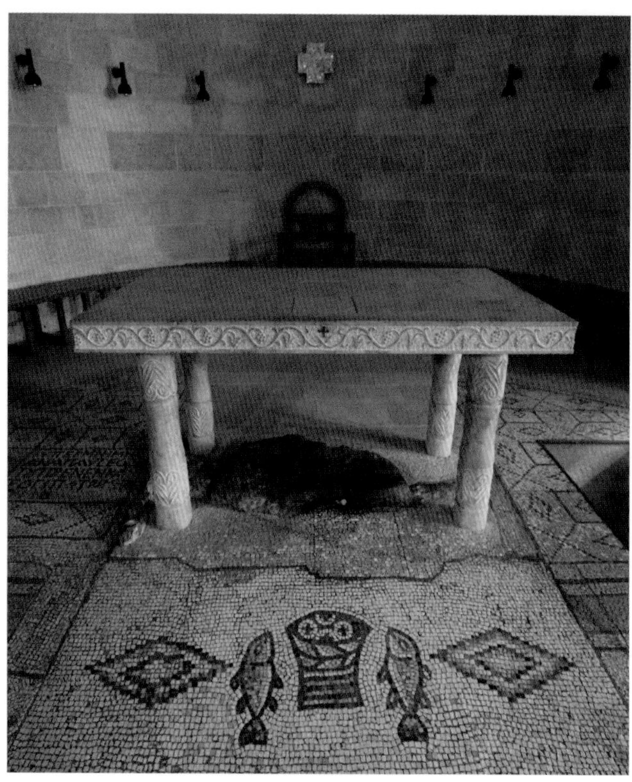

Arriba: Mosaico de los panes y los peces realizado en el siglo quinto, preservado en el interior de la moderna iglesia benedictina en Tabga, conmemorando la ocasión en que Jesús alimentó a los 5.000.

Abajo: Vista hacia el sureste por sobre la cumbre del monte Tabor, con el moderno templo italiano que conmemora la transfiguración de Jesús.

«El desierto, una ciudad»

Este nuevo interés cristiano por la Tierra la afectó de otras maneras. Se necesitó mejores caminos y alojamiento para los peregrinos; y el negocio de las reliquias empezó a florecer (muchas veces, de formas extrañas), porque las personas querían llevarse a su casa recuerdos preciados de su visita. Los arqueólogos han desenterrado muchas vasijas pequeñas diseñadas para quienes se llevaban de regreso un poco de aceite de oliva o, incluso, de tierra.

También estaba el atractivo magnético del desierto. Siguiendo los pasos de Antonio, quien había salido primero al desierto egipcio como un ermitaño cerca del año 280, una verdadera oleada de cristianos buscó la soledad del desierto judío, el que usaba Jesús para orar.

El primer monje palestino conocido fue Caritón, quien fundó una pequeña comunidad en el desierto alrededor del 330; siguieron otros en generaciones posteriores, como Eutimio, Sabas y Teodosio. El monasterio relacionado con San Sabas, mar Saba, ha continuado hasta el día de hoy (ver págs. 94–95). Durante el período cumbre (en el siglo sexto), pudo haber habido hasta treinta mil monjes en el desierto al este de Jerusalén y de Belén. En una expresión memorable, el desierto en sí, por consiguiente, «se convirtió en una ciudad».

Había dos tipos básicos de comunidad monástica: en una (el *coenobium*, desarrollada por Pacomio, 292–346) los monjes vivían juntos en una pequeña edificación similar a un fuerte; en la otra disposición (el *laura*, término griego para «carril») los monjes vivían en celdas/cuevas que se extendían a lo largo de un sendero o carril, ellos se reunían los domingos para la alabanza y para compartir una comida. También existía la atractiva posibilidad de reunirse en los festejos litúrgicos de la Navidad y de la Pascua en las ciudades cercanas de la encarnación (Belén y Jerusalén), en el poniente.

A veces, estos padres del desierto quedaban atrapados en las políticas eclesiásticas de las que habían esperado poder escapar. Hubo mucha consternación entre sus filas cuando el obispo Juvenal de Jerusalén, mientras asistía al Concilio de Calcedonia (año 451) para discutir las «dos naturalezas» de Cristo, tomó partido por los ortodoxos en lugar de hacerlo por aquellos que defendían «una naturaleza», como los egipcios. De manera que los monjes del desierto no estaban tan impresionados como Juvenal hubiera esperado que estuvieran

Arriba: Desde el siglo quinto el monasterio de San Jorge, en Koziba, se sostiene en la ladera del escarpado wadi Qelt en el desierto de Judea, unos 2 km al oeste de Jericó.

cuando él volvió a Jerusalén, pese a que él había asegurado la posición de Jerusalén como el quinto «patriarcado» de la iglesia bizantina.

En general, los siglos quinto y sexto fueron días apacibles y prósperos en la Tierra. La principal agitación fue causada por los samaritanos, que se levantaron contra el gobierno bizantino cuatro veces (en 484, 500, 529 y 555). Sin embargo, este largo período de relativa paz finalizaría súbitamente a comienzos del siglo séptimo, cuando los gobernantes en Constantinopla tendrían que rendirse ante dos pueblos muy diferentes que llegarían a Palestina desde el Oriente; primero los persas y después, los musulmanes. Para los monjes del desierto y para quienes vivían en Jerusalén, aquellos días de tranquilidad en los que habían tenido la sensación de que Cristo mismo reinaba su Tierra pronto iban a ser cosa del pasado.

Arriba: Puesta de sol sobre la iglesia bizantina en Shivta, una ciudad en el interior del desierto de Neguev (40 km al suroeste de Beerseba), originalmente habitada por los nabateos.

Derecha: Vista de la rotonda en el interior de la Iglesia del Santo Sepulcro (restaurada en el año 2000), colocada en lo alto sobre el *aedicule* (restaurado en 1810) que cubre la tumba de Cristo.

CAPÍTULO 6

LOS MUSULMANES Y LOS CRUZADOS (630–1291 d. C.)

Un conquistador entra en la ciudad santa montado en un camello; otro, al final de un día de lucha violenta, recibe a su enemigo vencido y le ofrece un sorbete de agua helada; una mujer encabeza algunos festejos de jubileo cincuenta años después de una matanza; unos hombres organizan una última defensa en un puerto, antes de escapar hacia los pocos barcos que los esperan...

La llegada del islam

El año 614 d. C. todavía es recordado. Luego de una frágil tregua entre Bizancio y el Imperio sasánida en expansión, el rey Cosroes II soltó a sus tropas persas en Palestina. Esta fue la primera de dos invasiones muy diferentes: aquella que se produjo veinte años después por las fuerzas del islam fue pacífica; ésta, la de los persas, fue salvaje.

La matanza persa

El efecto fue catastrófico: Jerusalén fue sitiada durante veinte días, después de los cuales capituló; monasterios e iglesias destruidos; una cacería a muerte de los monjes y peregrinos obligados a huir; reliquias capturadas y llevadas a la capital persa; Ctesifonte. Prácticamente, la única construcción que se salvó fue la Iglesia de la Natividad en Belén; solo porque los soldados persas quedaron impresionados por el turbante del mago persa pintado en los murales que estaban sobre la entrada. Los soldados eran hordas saqueadoras de Oriente y poco les importaba la larga historia de la Tierra.

El emperador bizantino Heraclio contraatacó en una

prolongada campaña y, finalmente, en el año 628, logró traer de vuelta a Jerusalén la reliquia de la «Vera Cruz». Hubo mucha alegría en aquel día (su aniversario, el 14 de septiembre, es todavía una de las principales fiestas en Jerusalén), pero estaba destinada a ser efímera. Sobre el horizonte oriental se avecinaba una segunda potencia, mucho más fuerte. Llegaría mucho más pacíficamente que los persas, pero cuando lo hiciera, permanecería: un nuevo credo, el islam.

Abajo: Antes templo del Monte, conocido en el islamismo como Haram esh-Sharif ("el santuario noble"), con la mezquita Al-Aqsa de la bóveda de plata en el extremo sur y el Domo de la Roca con la cúpula dorada en el centro.

La segunda invasión

El poderoso ministerio de Mahoma como profeta había estado desarrollándose en Arabia, primero en Medina y, luego, a partir del 622, en Meca. Para marzo del 635, sus seguidores, que eran mayormente tribus nómadas, habían llegado al norte y sitiado a Damasco. Durante el año siguiente, sometieron a toda Palestina bajo su dominio, a excepción de las grandes ciudades urbanas de Jerusalén y Cesarea. Finalmente, en el 638, Jerusalén se rindió y el califa Omar exigió entrar en la ciudad montado sobre un camello y con un manto de pelo de camello. El anciano patriarca cristiano Sofronio lo convenció de que se cambiara de atuendo para su entrada triunfal, y luego llevó a cabo algunas negociaciones necesarias con el nuevo conquistador; pero a las pocas semanas murió –dicen que se le rompió el corazón al presenciar que Jerusalén era capturada por segunda vez en veinticinco años.

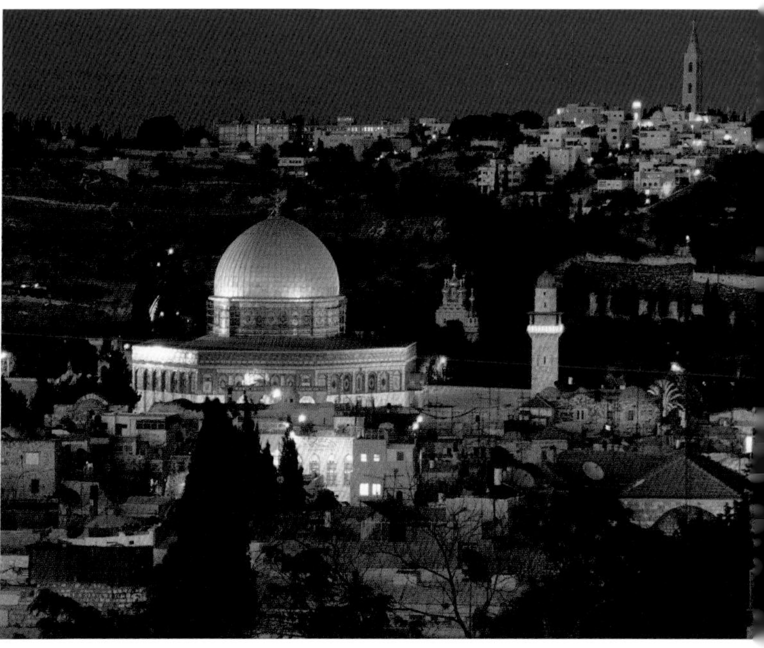

Según algunas tradiciones antiguas, el califa Omar rechazó deliberadamente el ofrecimiento de Sofronio de orar dentro de la Iglesia del Santo Sepulcro, aduciendo que sus seguidores exigirían poder orar en cualquier lugar donde él, su líder, hubiera orado. En lugar de ello, oró orientado hacia el sur, donde aún hoy hay una mezquita que lleva su nombre (ver págs. 102–103).

Arriba: El Domo de la Roca en el atardecer, con el monte de los Olivos en el fondo.

La tercera «ciudad santa»

Al parecer, Omar no comenzó un gran proyecto edilicio en Jerusalén. Los eruditos actuales más bien insinúan que Omar y los califas que lo sucedieron no estaban particularmente interesados en la importancia religiosa potencial de Jerusalén. Es cierto, al principio Mahoma había nombrado a Jerusalén como la primera *qiblah* (o dirección hacia la que había que orar), pero trece años después, en el 623/24, fue abandonada en favor de Meca. En cambio, cien años después (a partir del 725), parece haber crecido una devoción islámica por Jerusalén, cuando se escribieron extensos panegíricos en honor a la ciudad. Estos declaran que «una oración en Jerusalén vale mil oraciones en cualquier otra parte» y revelan la creencia islámica de que la ciudad tendrá un papel central en los acontecimientos del fin de los tiempos.

Esta renovada atención a la santidad de Jerusalén se dio, sin duda, a medida de que los musulmanes empezaron a reaccionar ante las dos construcciones impresionantes construidas en el sitio del antiguo Templo judío: el Domo de la Roca (finalizado en el año 691 bajo las órdenes de 'Abd al-Malik) y la mezquita de Al-Aqsa (comenzada poco después de su muerte en 705).

Arriba: La profusa decoración islámica en el interior del Domo de la Roca.

Derecha: La roca (o *sakhra*) debajo del Domo es el punto más alto del anterior Templo del Monte, lo cual probablemente marca el sitio del Lugar Santísimo en el templo de Salomón.

Abajo: Interior de la mezquita Al-Aqsa, mirando hacia el Sur.

Los cristianos bizantinos, interesados en cambio en otra colina ubicada al oeste —el lugar de la resurrección de Jesús—, habían dejado adrede esta gran área sin desarrollar: un respaldo drámático a las predicciones de Jesús sobre la inminente destrucción del Templo. Malik le sacó provecho a este obvio espacio en blanco dentro del plano de Jerusalén. El monte del Templo y la zona residencial que está inmediatamente al sur se convirtieron en el lugar ideal para desarrollar un enclave islámico muy particular dentro la ciudad. Y el contraste entre los dos montes cercanos envió un mensaje político claro: si el cristianismo creía que había eclipsado al judaísmo, ahora el islam había eclipsado al cristianismo.

El Domo de la Roca se construyó, según la tradición, sobre la roca (o *sakhra*) donde Abraham había intentado sacrificar a su hijo Isaac, en el monte Moria. Mientras tanto, *Al-Aqsa* es una referencia árabe a la «mezquita más lejana», una frase

de un sura en el Korán, que habla del famoso viaje nocturno de Mahoma hacia el cielo. Con estas asociaciones, ambos santuarios tienen una posición venerada dentro del islam. Toda el área del antiguo monte del Templo ahora se conoce como *Al-Haram ash-Sharif* (el «noble santuario») y, aunque La Meca sigue siendo la dirección hacia la cual los musulmanes deben orar, en la actualidad, este santuario ha servido por más de 1300 años como el tercer lugar más sagrado para el islam, después de La Meca y luego Medina. Con razón en árabe se menciona a Jerusalén misma como «la santa» (*al Quds*).

La creciente tensión

Gran parte de la población musulmana era todavía pueblos tribales nómadas; por consiguiente, solo una ciudad musulmana (Ramala) fue construida en Palestina durante los cuatrocientos años siguientes. Además, la dominación musulmana era ejercida por quienes estaban bastante lejos de la Tierra: la dinastía omeya (radicada en Damasco, 661–750), seguida por la abásida (radicada en Bagdad). Luego, a partir del 870, el dominio de Palestina se convirtió en un tema de disputa entre las autoridades egipcias y turcomanas. Durante los doscientos años siguientes, el área fue, otra vez, solo un títere en la política de la región, con mucha conmoción.

Para el siglo XI, la población parece haber disminuido casi un treinta por ciento, cuando se la compara con la época bizantina. Es bastante probable que los musulmanes nunca hayan sido la mayoría: hubo una minoría samaritana continua, grandes ciudades judías en Galilea, y numerosos cristianos en las áreas rurales y en Jerusalén. Algunos calculan que, durante este período, solamente hubo unas veinte mezquitas en Palestina, en comparación con casi

sesenta iglesias; y en el año 1093, un visitante musulmán se quejaría de que «el país le pertenece a los cristianos, porque ellos trabajan la tierra, apoyan a sus monasterios y mantienen sus iglesias».

Arriba a la izquierda: Páginas de una copia del Corán del siglo catorce.

Abajo a la izquierda: Un musulmán en Harán, orando hacia la Meca.

Abajo: Hasta que recientemente se estableció restricciones, las plegarias de los viernes atraían a miles de creyentes musulmanes.

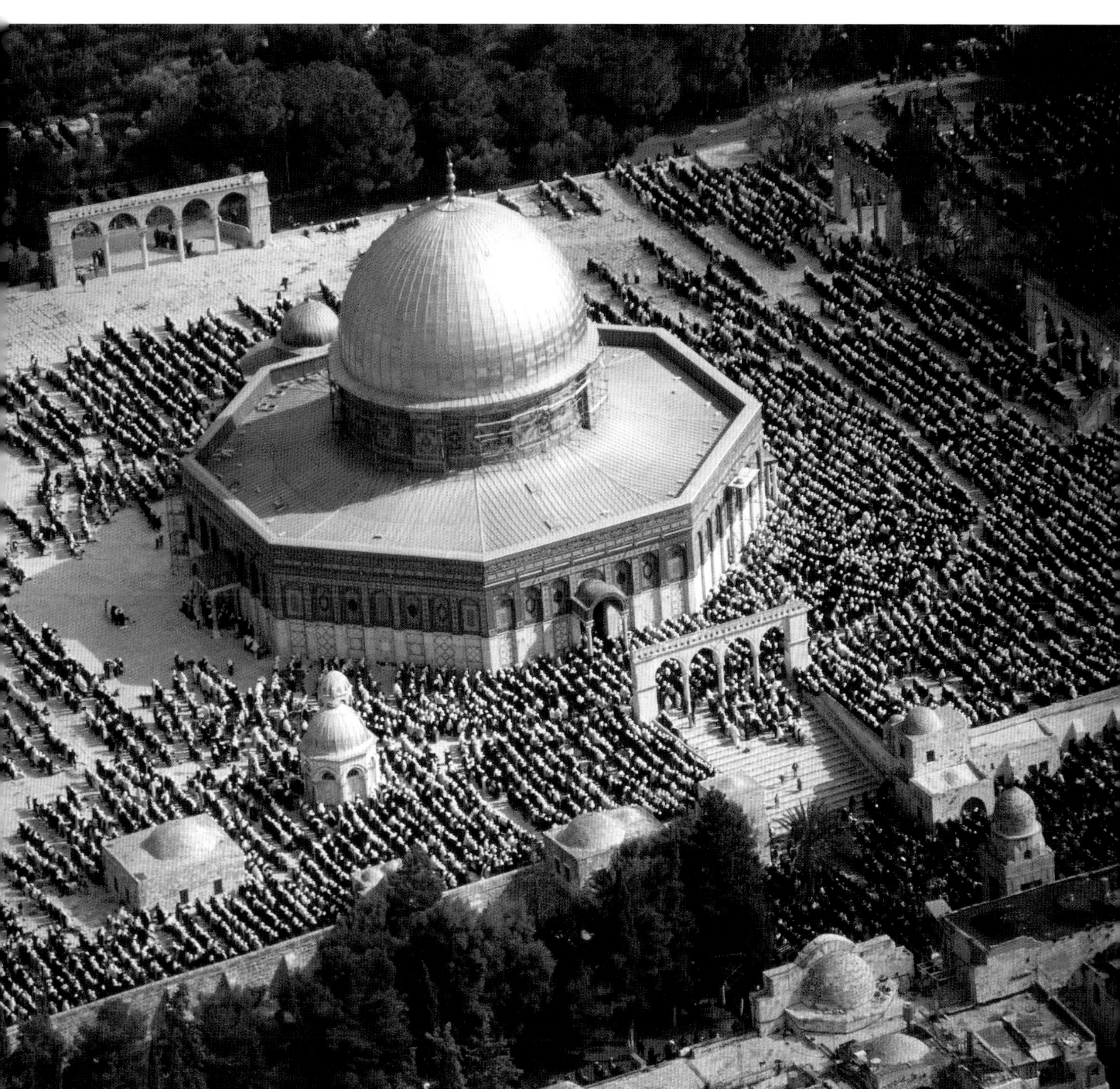

A los judíos y a los cristianos, como «pueblo del libro», se les concedió la condición de *dhimmi* (o «pueblos protegidos»), pero eso implicó pagar más impuestos y aceptar el gobierno musulmán. La mayor parte del tiempo había una co-existencia y una cooperación pacífica –especialmente cuando se trataba de negocios–, pero los problemas empezaron a ponerse feos en 1009.

Entre los años 937 y 966 hubo algunos incendios premeditados en la Iglesia del Santo Sepulcro, pero ahora, un califa de Egipto llamado al-Hakim, ordenó a sus tropas que la destruyeran completamente: «hagan que su cielo se ponga a la altura de su suelo». Destruyeron totalmente las edificaciones. La gran basílica del martirio fue reducida a escombros; el pequeño edículo que rodeaba a la tumba de Cristo fue destrozado; y la cúpula que estaba sobre él, se vino abajo, dejando la tumba sepultada bajo los desechos. Una de las iglesias más estupendas de la cristiandad, que había estado en pie durante casi setecientos años, fue arrasada en cuestión de días.

Los cristianos de todo el mundo se horrorizaron por este acto de barbarie: el lugar que conmemoraba el eje de su fe había sido profanado. Se hizo una modesta reconstrucción durante el reinado del emperador bizantino Constantino IX Monómaco, pero debido a la falta de fondos, fue ínfima.

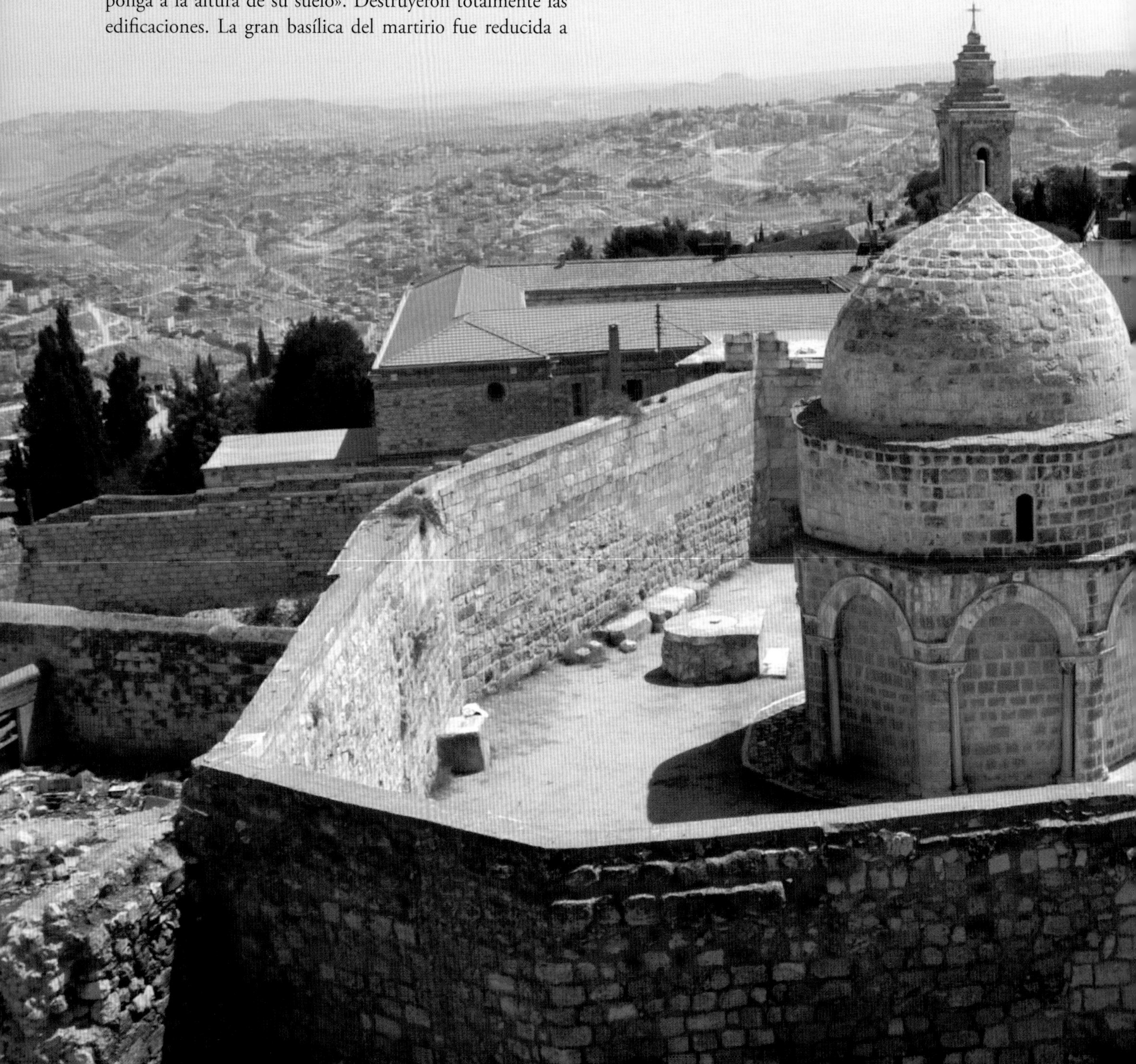

Seguramente se requería de una respuesta de mejores recursos, un poco de esfuerzo conjunto.

Y así, comenzó a desarrollarse poco a poco la idea, entre los cristianos de Europa occidental, de que tal vez ahora les tocaba a ellos el turno de representar un papel en la historia de la Tierra Prometida. De esta forma, Palestina experimentaría una nueva invasión desde fuera; esta vez, una invasión violenta, que no llegó desde Oriente sino del lejano, Lejano Oeste.

Abajo: La mezquita pequeña, conmemorando la ascensión de Jesús en el monte de los Olivos. Los cruzados habían reconstruido sobre las bases de la iglesia Imbomon del siglo cuarto (ver p. 110), dejando libre la estructura central; Saladino agregó el techo.

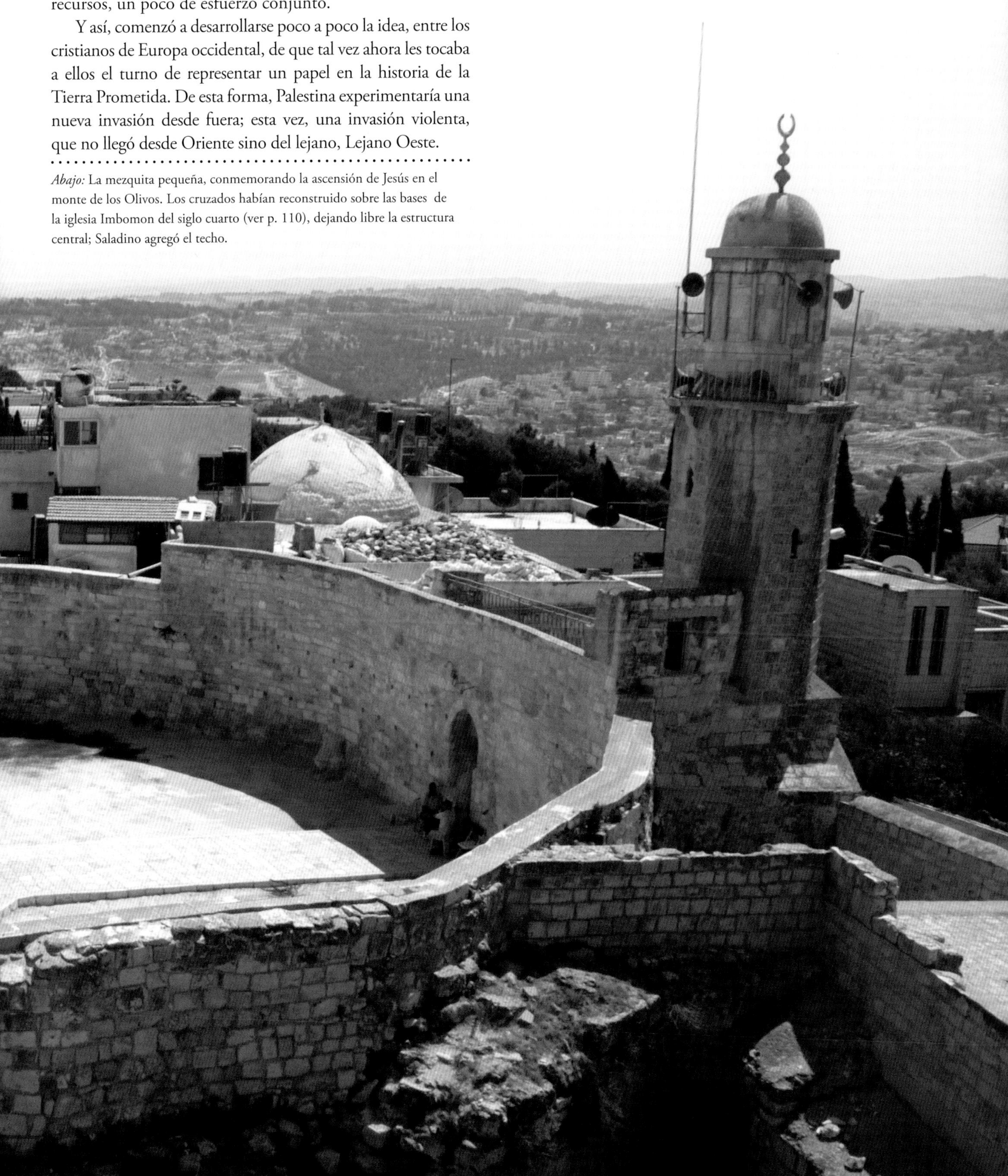

El siglo de las cruzadas (1099–1184 d. C.)

Así llegamos a la era de las cruzadas, un capítulo de la Tierra Prometida que todavía provoca fuertes reacciones y que ha dejado un legado persistente. El recuerdo de las cruzadas se mantiene vivo: a algunos les produce vergüenza, pero a otros les causa resentimiento, y el temor de que el interés que Occidente tiene desde entonces en la Tierra corra el riesgo de repetir únicamente los errores del pasado.

Un baño de sangre en Jerusalén

Cualesquiera hayan sido los muchos motivos (económicos, políticos o espirituales) que llevaron a los cruzados a dejar sus países natales en Europa, el efecto sobre la Tierra prometida fue dramático. Las fuerzas de la Primera Cruzada llegaron a las costas de Palestina en mayo de 1099. Los ciudadanos de Ramala huían, mientras los soldados presionaban sin cesar en su rumbo hacia Jerusalén. El primer avistamiento de la ciudad santa (el 7 de Julio) habría sido mientras marchaban por la cima de una colina que estaba a unos pocos kilómetros al noroeste (a la cual pronto denominaron como el «monte del Gozo»). Y de esta forma comenzó el asedio de seis semanas a Jerusalén, que dentro de sus murallas tenía una población

Derecha: Cristo el *Panto-krator* ("Aquel que todo lo crea"), en el interior del domo sobre la sección griega del *Catholicon* de la Iglesia del Santo Sepulcro. A pesar de la decoración de estilo griego, toda la estructura fue obra de los cruzados (rededicado en 1149).

Abajo: Remanentes de los cruzados en el monte de la Alegría, mirando hacia el monte de los Olivos (identificable ahora en el extremo más lejano por sus tres torres), unos 10 km al sureste.

IC XC
Ο ΕΥΑΓΓΕΛΙΣΤΗΣ ΜΑΤΘΑΙΟΣ
Ο ΕΥΑΓΓΕΛΙΣΤΗΣ ΛΟΥΚΑΣ
Ο ΕΥΑΓΓΕΛΙΣΤΗΣ ΙΩΑΝΝΗΣ

de unas 20.000 personas, conformada por musulmanes y cristianos orientales.

Finalmente, el 15 de julio en la tarde, los cruzados abrieron una brecha en las murallas de la ciudad y se desparramaron por las calles estrechas matando a todos los que veían, decididos a llegar a la Iglesia del Santo Sepulcro. Mientras entraban triunfantes, cantaban un antiguo himno cristiano (que data del siglo II), conocido como el *Te Deum* («Te damos gracias a ti, oh Dios»), pero había sido, lisa y llanamente, un baño de sangre.

Los fuertes costeros y los castillos del interior

De esta manera comenzó el gobierno del Reino Latino de ochenta y ocho años, ejercido por ocho «reyes de Jerusalén» (cinco de los cuales de nombre Balduino) y por una peculiar reina, Melisenda.

Algunos años antes de 1099, la región de la Gran Siria se había convertido, tal como la describe un erudito, en «una vasta zona de guerra» en la que casi todas las ciudades tenían su propio gobernante musulmán. Los cruzados recién llegados aprovecharon al máximo esta guerra intestina y pronto se aseguraron el control de las ciudades comerciales de la costa: Cesarea, Haifa, Acre y, un poco después, de Tiro, Sidón y Beirut. En el interior, sin embargo, las cosas no fueron tan sencillas.

El lado positivo es que pronto descubrieron que su política inicial de masacrar a todos los habitantes no era necesaria ni viable. Muchos de los habitantes eran, después de todo, cristianos ortodoxos; y los cruzados no tenían suficiente personal para poner orden total en la Tierra con sus propios cruzados francos. Tenían que encontrar su propio *modus vivendi.* Así que, después del vandalismo inicial, trataron bien a la gente del campo y permitieron que los modelos locales de intercambio comercial continuaran. Mientras tanto, poblaron principalmente las ciudades y empezaron a construir una serie de castillos por todo el Levante, incluidas las fortalezas de Belvoir (finalizada en el 1168) y de Nimrod.

Proyectos edilicios a granel

También se pusieron a construir algunas iglesias magníficas con su característico estilo occidental. Su prioridad principal, desde luego, fue mejorar el Santo Sepulcro. Construyeron una pequeña iglesia al este de la tumba (conocida ahora como el *Katholikón*). Mientras tanto, en 1104 la esposa separada de

Izquierda: La capilla ortodoxa griega del Gólgota (o Calvario), ubicada sobre la saliente de la roca (iluminada bajo el vidrio) que se eleva unos 6 m por encima del nivel del suelo en el interior de la Iglesia del Santo Sepulcro.

Abajo: La iglesia románica de Santa Ana (construida por los cruzados: 1131–38), ubicada justo después de las ruinas bizantinas, sobre el estanque de Betesda (mencionado en Juan 5:2).

Balduino (1100–1118) fue enclaustrada en un convento cercano, y la capilla del convento fue reemplazada luego por una nueva basílica románica dedicada a Santa Ana. Una reconstrucción similar se realizó sobre el sitio del monte Sion, asociado con la Última Cena (el *Coenaculum* o «Cenáculo»). Luego, alrededor de 1160, los cristianos armenios construyeron su propia catedral, dedicada a Santiago.

Una figura clave de esta iniciativa edilicia fue la extravagante reina Melisenda, quien gobernó Jerusalén como reina consorte (1131–1143), y después, durante la regencia de su hijo Balduino III (1143–1153). Su esposo, el rey Fulco, era un gran constructor de castillos; pero Melisenda también tenía buen ojo para los proyectos importantes. Tenía un gusto sumamente exigente por lo artístico –al menos, es lo que podemos suponer de la exquisita calidad

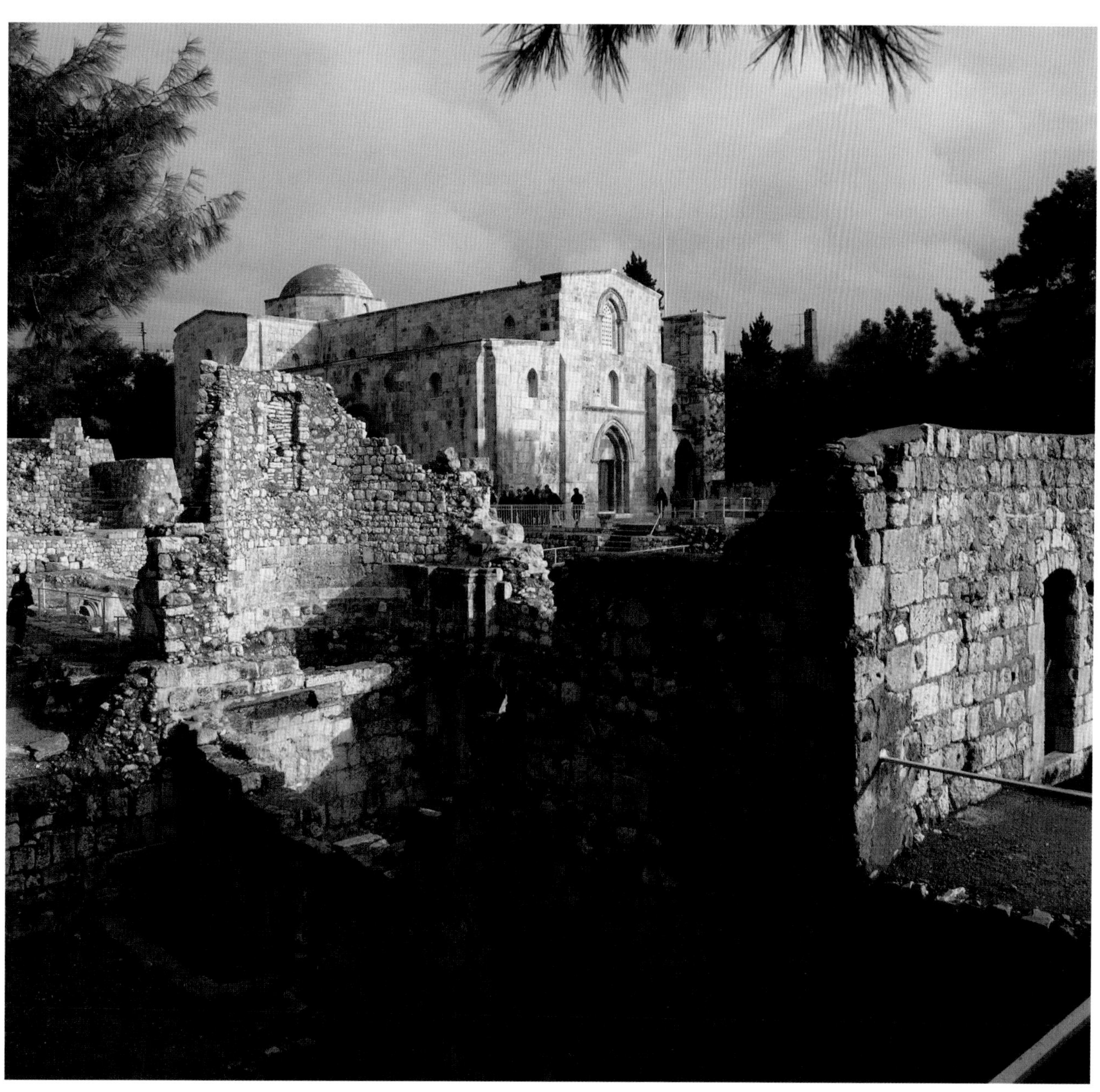

de obra que se ve en el «Salterio de Melisenda» (que su esposo encargó para ella como muestra de afecto después de algunas indiscreciones). Melisenda se aseguró de que la región de Jerusalén estuviera bien dotada de nuevos edificios cristianos.

Encargó la construcción de un convento para San Lázaro en Betania y se aseguró de que el Domo musulmán de la Roca fuera nuevamente consagrado para la adoración cristiana (para que fuera conocido como el *Templum Domini* o el «Templo del Señor»). También intervino íntegramente en las ceremonias de la reinauguración de la Iglesia del Santo Sepulcro, celebradas en el quincuagésimo aniversario de la primera llegada de los cruzados (el 15 de julio de 1149).

Los constructores cruzados también estuvieron ocupados fuera de Jerusalén: construyeron capillas pequeñas en Cesarea, Lydda y Hebrón (donde se encontraron con lo que creyeron que eran las reliquias de Abraham y de los otros patriarcas); y en Nazaret levantaron una gran catedral, que incluía tres ábsides y siete naves. Para las columnas de la Iglesia de Juan el Bautista en Sebaste (antigua Samaria) se esculpió a mano nuevos capiteles. El rey Amalrico (1163–1174), que trabajó conjuntamente con el emperador bizantino y el obispo local de Belén, produjo una renovación deslumbrante en la Iglesia de la Natividad en Belén; todo esto combinando los estilos de Oriente y Occidente de una manera que es única en la Tierra prometida.

Derecha, arriba: Servicio de adoración de los benedictinos en la capilla construida por los cruzados (en un área ahora conocida como Abu Ghosh) y decorada con frescos (ca. 1170) para conmemorar la aparición en Emaús del Cristo resucitado (Lucas 24:13-35).

Derecha, abajo: Cenáculo en el monte Sión, reconstruido por los franciscanos en 1335, con arcos definidamente góticos, con el fin de que se constituyera en un "aposento alto" donde conmemorar la Última Cena de Jesús.

Abajo: Sobrio interior de la Iglesia de Santa Ana.

Orando y observando

Durante este siglo, un buen número de comunidades monásticas de Europa occidental se estableció en la Tierra prometida. Ellas también colaboraron en estos proyectos edilicios: los benedictinos construyeron en el monte Tabor; los hospitalarios, en Abu Gosh; y los carmelitas (¡qué sorpresa!) en el monte Carmelo. Mientras tanto, los franciscanos lograron el privilegio de convertirse en los «Custodios de la Tierra Santa», aceptando la responsabilidad especial (que continúa hasta el día de hoy) de asegurar que los lugares del evangelio fueran preservados como lugares adecuados para la oración.

Sin embargo, pronto sería difícil encontrar sitios tranquilos para orar. En 1169 Nur al-Din, el sultán de Damasco, sometió a Egipto bajo el firme dominio musulmán. Fue sucedido en el año 1174 por su visir, un excelente soldado llamado Saladino (o Salah ad-Din). El Reino Latino había estado observando, esperando inquieto la eventual reacción islámica; ahora estaba rodeado y tenía los días contados.

Saladino y el fin de las cruzadas

El sábado 4 de julio de 1187 demostraría ser un día clave en la historia de la Tierra Prometida. Saladino estaba haciendo marchar un ejército de 30.000 hombres para una campaña, atravesando Galilea rumbo al importante castillo de Tiberias.

Mientras tanto, las tropas cruzadas, que tenían sus cuarteles militares en Acre, estaban activas en la región bajo el mando de su rey, Guido de Lusignan, recientemente coronado. La permanente «guerra de desgaste» entre los dos bandos estaba a punto de tener su primer encuentro frontal.

Derecha, abajo: La Puerta Dorada, clausurada en la Edad Media para impedir que algún falso mesías entrara a Jerusalén.

Abajo: Los así llamados "Cuernos de Hattin" (3 km al oeste de Tiberias), en lo alto, sobre el paso de Arbel y el mar de Galilea.

Embestida colina abajo

Saladino instigó a las tropas de Guido a dejar sus cuarteles de pernoctación, su provisión de agua y de movilizarse hacia el Este, marchando hacia los Cuernos del monte Hattin, cercano a Tiberias. Los cruzados transpiraban profusamente en sus cotas de malla, necesitaban agua desesperadamente. Sedientos y exhaustos, llegaron a la cima de la colina y, al hacerlo, pudieron ver a las fuerzas musulmanas en las laderas de abajo. Era ahora o nunca.

Guido le ordenó a su experta caballería que embistiera a las fuerzas enemigas colina abajo. Hacia allá fueron, tomando velocidad, y entonces, en el momento crítico, los soldados de Saladino, en lugar de abrir fuego, simplemente se separaron hacia ambos lados, dejando que los caballos de los cruzados galoparan colina abajo, hacia Tiberias.

Ahora que la principal arma de los cruzados había sido eficazmente anulada, los famosos arqueros de Saladino rápidamente acabaron la operación. Guido fue capturado y, esa tarde, le ofrecieron un sorbete de agua helada en la tienda militar de Saladino, un gesto de burla de un guerrero del Medio Oriente para con un europeo occidental, como sutil recordatorio de que el agua es clave para el éxito militar.

Los últimos recursos

Esta derrota aplastante, de hecho, significó el fin del proyecto de los cruzados en la Tierra Prometida. Once semanas después, las fuerzas de Saladino cercaron Jerusalén. Con 60.000 personas apiñadas tras la muralla de la ciudad, Balián de Ibelín procuró condiciones pacíficas usando algunas tácticas eficaces de «negociación» (amenazó con destruir el Domo de la Roca y con masacrar a la minoría musulmana dentro de la ciudad). Finalmente, se acordó que, después de cuarenta días, aquellos cruzados que pudieran conseguir el dinero suficiente para pagar el precio de su propio rescate serían liberados; el resto (unos 15.000 en total) serían tomados prisioneros. De esta manera, el Domo de la Roca, descrito por un comentarista musulmán contemporáneo como la «joya del anillo de sello del islam», fue debidamente recuperado como propiedad musulmana.

Saladino pronto siguió su camino. En agosto, había

vencido a los cruzados en Acre, pero no en Tiro. En el mes de noviembre, Tiro seguía resistiendo, y cuando combatió a las tropas cruzadas que acampaban en las afueras de Acre, llegaron a un estancamiento. En la primavera siguiente, Saladino escucharía rumores de una nueva cruzada proveniente de Europa Occidental: aparentemente, Federico Barbarroja dirigía a unos 20.0000 soldados a través de Asia Menor, camino a la Tierra Prometida. Y el 8 de junio, Ricardo Corazón de León llegó desde Inglaterra, entrando en Acre con veinticinco galeras.

Las cosas parecían alentadoras para los cruzados: para 1191, Ricardo y Felipe II de Francia habían recuperado Acre, así como también Tiro y Jaffa; y en 1193 murió Saladino. Federico se ahogó en un accidente en el río Cydno en Cilicia, y sus desmoralizadas tropas efectivamente se esfumaron. En los siguientes cien años, el movimiento cruzado quedó eficazmente reducido a sus últimos recursos a lo largo de la costa. El dominio de Jerusalén nunca volvería a recuperarse.

Arriba: La así llamada "Ciudadela de David", originalmente sitio del palacio de Herodes el Grande, fue, mucho más tarde, una fortaleza de los cruzados.

Derecha: Principal entrada de los cruzados a la Iglesia del Santo Sepulcro (desde el sur).

Izquierda: Los franciscanos en su celebración cotidiana del "Camino de la cruz", en la capilla del Calvario.

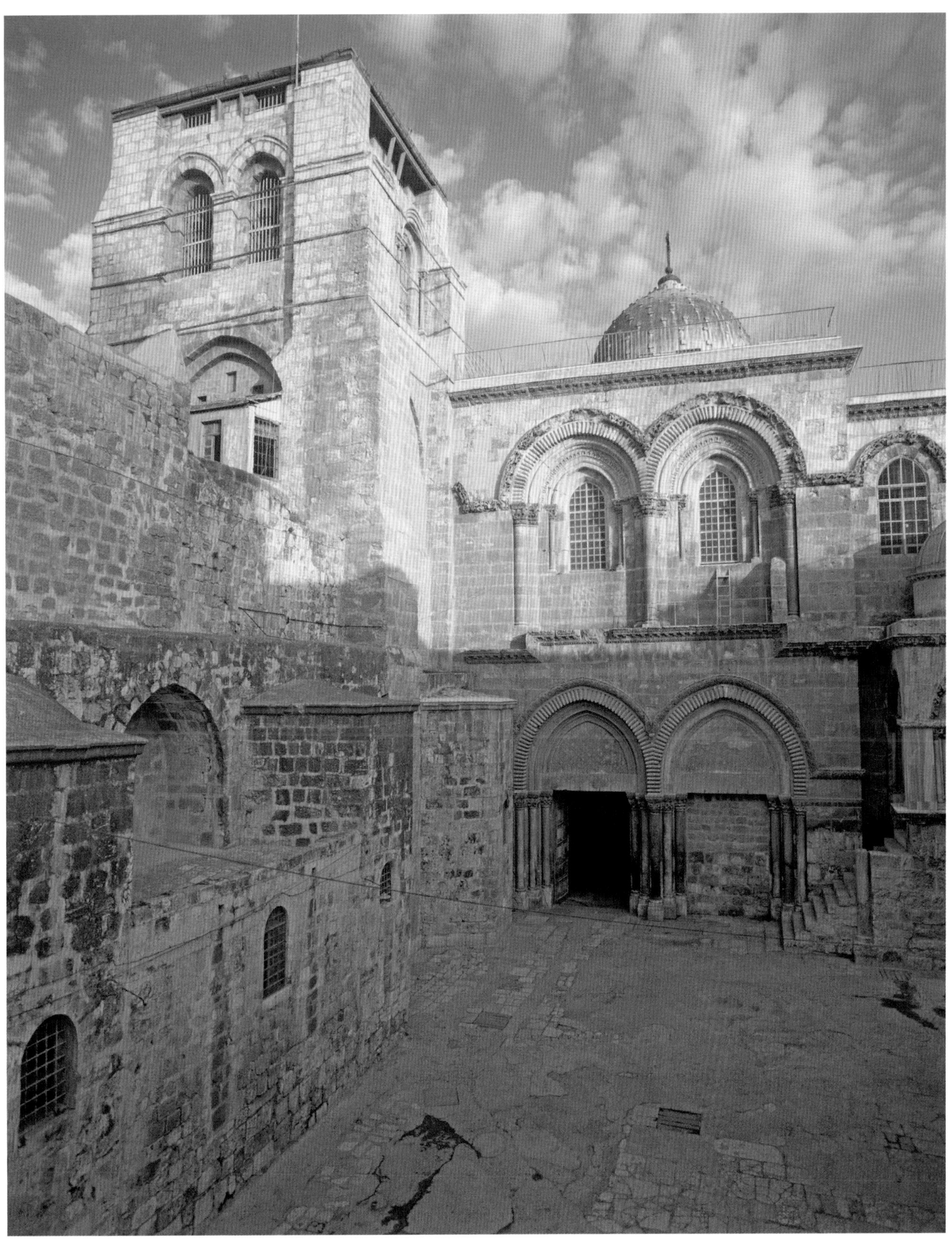

Federico II llegó a un acuerdo con el Sultán en 1229, que permitió que los cristianos tuvieran acceso a Jerusalén, Belén, Lydda y Nazaret. Veinte años después, Luis IX tuvo cierto éxito al invadir a Egipto y reconstruir Acre, Cesarea y Jaffa. Persistió una reducida cantidad de asentamientos francos en algunas zonas rurales, pero, en general, la presencia de los cruzados era muy débil. Como una señal de los tiempos, durante este período el patriarca griego de Jerusalén por lo general vivía en Acre, mientras que los «reyes latinos de Jerusalén» residían aún más lejos, en Chipre. El Reino Latino era solamente un enclave costero aferrado a los bordes de la Tierra.

La partida final

Alrededor de 1260, se cernía otra amenaza sobre la región: la posibilidad de una invasión mongol desde el Lejano Oriente. Favorablemente para Palestina, el nuevo poder emergente del régimen memeluco en Egipto (bajo el sultán Baibars, 1260–1277) la mantuvo a raya. No obstante, a Baibars también le fue muy bien contra los cruzados: en 1263 destruyó la apenas terminada catedral de Nazaret y se apoderó de un buen número de fortalezas de los cruzados, arruinándoles el comercio marítimo. Año tras año, el exiguo territorio de los cruzados se desmenuzaba.

Finalmente, en 1291, su último bastión dentro de la Tierra Prometida se perdió para siempre: tras meses de luchar ferozmente, Acre cayó ante las fuerzas mamelucas el 28 de mayo. Aunque el movimiento cruzado encontraría otros proyectos, su objetivo original (restablecer el cristianismo en la Tierra Santa) había llegado a un final vergonzoso. Así que los cruzados dejaron atrás las costas de Palestina, pero en otro sentido, la sombra que arrojó su visita nunca desapareció.

Derecha: Los muros de los cruzados en Cesarea (con restos sumergidos del puerto de Herodes a lo lejos).

Abajo: Cruces talladas por los soldados cruzados y los peregrinos en las paredes de piedra que descienden hacia la capilla de Santa Elena, debajo de la Iglesia del Santo Sepulcro.

CIUDAD DE REFUGIO: Acre, último baluarte de los cruzados

David Roberts. April 9th 1839
Jerusalem

CAPÍTULO 7

LOS OTOMANOS Y LOS OCCIDENTALES (1291–1948 d. C.)

Un británico, luego de pasar un año con las tribus árabes en sus campañas del desierto; un empresario judío anima a sus paisanos a construir casas fuera de la muralla de Jerusalén; multitudes de peregrinos ruso ortodoxos, o musulmanes de varios países, llegan a Jerusalén para orar. Todos ellos –algunos como turistas, otros como residentes a largo plazo; unos motivados por razones religiosas, otros por motivos económicos y políticos– están a punto de encontrarse en la Tierra Santa, la cual se descubrirá como un crisol de nacionalidades, religiones y personalidades en ebullición. Después de más de cinco siglos de relativa calma, la Tierra nuevamente se dirige hacia aguas turbulentas…

Los mamelucos y los otomanos

Después que los cruzados se retiraron en el año 1291, la Tierra Prometida se volvió relativamente pacífica; primero, bajo el dominio mameluco desde Egipto y, luego de casi dos siglos, bajo el dominio otomano desde Constantinopla (conocida desde entonces como Estambul). Pasaron más de quinientos años sin invasiones ni catástrofes importantes. Desde luego, en retrospectiva, este parece haber sido un prolongado momento de calma antes de una gran tormenta.

La Tierra Santa permanecía estable porque los «frentes» de conflicto entre el mundo islámico y sus vecinos (tanto al este como al oeste) ya no pasaban por Palestina. En particular, la frontera con la Europa cristiana había sido extendida más al oeste: a Chipre o, luego, a los Balcanes y a Malta. Nadie luchaba políticamente por la Tierra Santa.

El único suceso político importante se produjo en el 1517. Después de un siglo de poderío progresivo (durante el cual tomaron Constantinopla por la fuerza en 1453 y Atenas en 1460), los turcos otomanos le arrebataron el poder a los mamelucos, se apoderaron de Egipto y de todos los territorios del Mediterráneo oriental.

«El pueblo protegido»

Para la Tierra Santa, no significó nada: el control todavía estaba claramente en manos de los musulmanes; aunque los gobernantes vivían ahora mucho más lejos y administraban los asuntos a través de los burócratas locales. Sin embargo, para Jerusalén esto fue motivo para la reconstrucción de la averiada muralla de la ciudad durante el reinado de Solimán el Magnífico (1520–1566). Los habitantes de Jerusalén estarían protegidos contra un ataque por los siglos venideros.

Así, a lo largo de estos quinientos años, el gobierno islámico fue un hecho. Los habitantes judíos y cristianos tuvieron que aceptar esta realidad. Vivieron dentro del statu quo y echaron raíces —a pesar de ser *dhimmis* o «pueblo protegido» con una condición política inferior— para vivir pacíficamente en la Tierra cuya historia significaba tanto para ellos.

En la región de Galilea había una próspera población judía. Tiberias y Safed eran consideradas «ciudades santas» judías, junto con Jerusalén y Hebrón. El gran filósofo judío y erudito en la Torá, Maimónides, pidió que, después de su muerte (en el 1204) su cuerpo fuera llevado a Tiberias desde Egipto; y a partir del siglo XVI Tiberias se convirtió en el centro especializado de una forma de misticismo judío conocido como la cábala.

Derecha: Panorama de la Ciudad Vieja de Jerusalén con el monte de los Olivos al este (izquierda). El barrio musulmán se ubica al norte, el barrio cristiano y el armenio al oeste (centro derecha y arriba), y el barrio judío al sureste.

Abajo: Vestimenta tradicional utilizada por los funcionarios otomanos.

Al mismo tiempo, había aldeas y pueblos cristianos diseminados por toda la Tierra. Siguiendo el rastro de sus orígenes hasta los cristianos ortodoxos que vivieron en la Tierra antes de la llegada del islam, estos cristianos, siguieron usando la liturgia griega bizantina para la adoración pese a que naturalmente hablaban árabe en su vida diaria. Muchos, además, vivían en Jerusalén o cerca de ella, con representantes de otras ramas «orientales» de la familia cristiana: armenios, sirios, coptos y etíopes.

Se les unieron los cristianos «occidentales» (en comunión con el Papa en Roma); principalmente «católicos latinos» (o romanos) y «católicos griegos» (también conocidos como los maronitas). Una cantidad ínfima de peregrinos todavía visitaba la Tierra Santa desde Occidente, aunque muy pocos eran de las nuevas denominaciones protestantes originadas por la Reforma; y los sitios históricos del evangelio eran preservados por los franciscanos. Sin embargo, en líneas generales, las autoridades musulmanas desalentaban

Arriba: Escena diaria en el mercado en la Jerusalén otomana, en el umbral de la Puerta de Damasco (fotografía tomada en marzo de 1914).

Izquierda: La Tierra Santa estuvo bajo control otomano desde la lejana Estambul. Aquí, el sultán Selim III recibe invitados en el palacio Topkapi en Estambul.

cualquier renovación importante de esos sitios. Por ejemplo, los franciscanos lograron rescatar con éxito las ruinas de la catedral de Nazaret en 1620, pero no fue sino hasta 1730 que pudieron intentar una modesta reconstrucción.

Según pasa el tiempo…

Durante todos esos siglos de gobierno otomano no se construyó nuevas ciudades. Los patrones de la vida urbana y rural simplemente se transmitían inalterables a la generación siguiente y las tradiciones quedaron grabadas profundamente. Así que, cuando los europeos occidentales empezaron a volver a la Tierra a comienzos del siglo XIX, les resultó pintoresca: el tiempo parecía haberse detenido durante siglos. Sin embargo, repentinamente ese cronómetro comenzaría a correr, más y más rápido. El idilio atemporal del mundo subdesarrollado de la Tierra Santa estaba a punto de hacerse añicos.

El siglo del retorno (1820–1917 d. C.)

Esta atmósfera fue perturbada bruscamente en el siglo XVIII. Desde la breve visita de Napoleón en 1799, hasta la gran entrada a Jerusalén del káiser Guillermo II de Alemania en 1898, la gente en occidente estaba cada vez más fascinada con la Tierra Santa, tanto por motivos religiosos como políticos.

Aproximadamente a partir de 1820, la Tierra Santa recibió de pronto una miríada de grupos con intereses en conflicto: arqueólogos o historiadores, que tenían los ojos puestos en el pasado; idealistas religiosos inspirados por una esperanza «profética», con los ojos puestos en el futuro; muchos refugiados o colonizadores, concentrados simplemente en sobrevivir en el presente, de vivir pacíficamente en un lugar que anhelaban llamar su hogar.

La propia Jerusalén sería transformada. En 1800 no era más que un «pueblo provincial de poca monta», pero hacia 1900 se había convertido en un «centro cultural y espiritual en crecimiento, que atraía a personas de todo el mundo» (Ben Arieh, pág. 400). Sin embargo, toda esta expansión tuvo un costo y significó que existía la creciente probabilidad de eventuales conflictos y choques.

La oleada de visitantes: judíos y cristianos

Viajar al Oriente se hizo considerablemente más fácil en la década de 1830, cuando el pachá egipcio Mohammed Alí, quien por poco tiempo le arrebató el dominio de Palestina a los otomanos, empezó a buscar un enfoque más proeuropeo. Los visitantes llegaban en oleadas, algunos para una visita breve, otros para quedarse.

Lo que incluyó una gran cantidad de judíos que deseaba vivir en Jerusalén; así, la población judía en la Ciudad Vieja creció de unos 2.250 en 1800 a unos 11.000 en 1870. Al mismo tiempo, el gobierno británico obtuvo la autorización del pachá para construir la primera iglesia protestante de Medio Oriente como capilla del consulado: Christ Church fue finalmente consagrada en 1849.

No es de sorprender la llegada de los misioneros cristianos también. A principios de 1800, se había lanzado un aluvión de organizaciones misioneras, principalmente en el Reino Unido. Algunas de ellas tenían el enfoque explícito de trabajar entre el pueblo judío. En Jerusalén fundaron una escuela y un hospital clave para la misión, que hizo una obra excelente de llevar asistencia sanitaria, pero la respuesta de la población judía fue decepcionante. En cambio, algunas de las organizaciones misioneras se abocaron cada vez más a recibir cálidamente a los cristianos locales de las denominaciones históricas (especialmente a los griegos ortodoxos), invitándolos a unirse a sus nuevas congregaciones protestantes, que tenían maneras más modernas de adorar.

Aprovechando estas nuevas oportunidades, en 1841 los gobiernos británico y prusiano elaboraron una estrategia ingeniosa: un obispado anglo-luterano conjunto en Jerusalén. El primer obispo, proveniente de un trasfondo judío, fue Samuel Alexander; llegó en 1842, pero murió tres años después. El segundo obispo, un luterano, Samuel Gobat, trabajó en Jerusalén hasta su muerte, en 1879.

De manera similar, en 1847 el Papa estableció un

Arriba: Vista al noreste hacia el Templo del Monte (ca. 1900); el muelle del arco Robinson (identificado por él en 1838) permanecía casi oculto bajo la vegetación, pero en la actualidad se destaca por arriba del nivel de la calle en la ciudad excavada perteneciente al primer siglo.

Izquierda: Vista occidental de la Ciudad de David hacia la Ciudad Alta de los tiempos de Jesús (el monte Sión), con la nueva Abadía de la Dormición (ca. 1910).

Abajo: Vista al Norte hacia el valle del Cedrón, entre el acantilado de Ofel y la aldea árabe de Silwan (derecha).

patriarca latino en Jerusalén y los ortodoxos rusos crearon una delegación en la ciudad. Todos los grandes poderes occidentales estaban desarrollando sus intereses políticos en la región a menudo por medio de estos nombramientos eclesiásticos. Hubo excepciones: el gobierno francés no hizo nombramientos (influenciados, sin duda, por la naturaleza anticlerical de la Revolución francesa de 1792); y los misioneros presbiterianos estadounidenses enfocaron su atención en Beirut.

Arriba: Mujeres y varones judíos oran en el muro occidental. Observe que las piedras herodianas (que sostienen la plataforma del Templo del Monte) se encontraban a pocos metros de las residencias familiares.

Derecha: Vista noreste desde el monte Sión hacia el Templo del Monte (izquierda) y la Ciudad Baja, con el monte de los Olivos al fondo.

Turistas y artistas

Luego estaban los turistas. Muchos escribieron relatos reveladores de sus viajes; los artistas produjeron imágenes evocadoras (ver una de las famosas pinturas de David Robert, págs. 140–141). Estas primeras representaciones de la Tierra Santa causaron una impresión perdurable en los lectores de la Biblia, que en el pasado dependían de su propia imaginación para ver el paisaje bíblico.

Sin embargo, muchos insistían en ir a ver por sí mismos. En 1869, un bautista británico innovador llamado Thomas Cook, comenzó a realizar visitas a Egipto y a Palestina, las cuales, durante los cinco años siguientes, llevaron 450 visitantes a la Tierra Santa, y unos 12.000 en los siguientes dieciocho años. La reputación de la empresa era tal, que en 1882 el hijo de la reina Victoria, Alberto (el príncipe de Gales y luego, Eduardo VII), que había visitado personalmente la Tierra Santa en 1862, solicitó que sus dos hijos viajaran a Jerusalén solamente bajo el auspicio seguro de la agencia de viajes de Thomas Cook. Jerusalén sería ahora una parte muy importante de la «visita distinguida» de los jóvenes caballeros.

Hubo otros visitantes famosos: por ejemplo, el general del ejército británico Charles Gordon en 1883 (quien argumentaba firmemente que la crucifixión de Jesús había tenido lugar en la «Gruta de Jeremías», al norte de la Ciudad Vieja); y el escritor estadounidense Mark Twain, que escribió un relato de su visita en *Los inocentes en el extranjero* (1869). Sus lectores no tardaron en descubrir, a través de su humor áspero, que no había quedado impresionado; Jerusalén era «triste, deprimente y apagada», estaba llena de «harapos, miseria, pobreza y mugre».

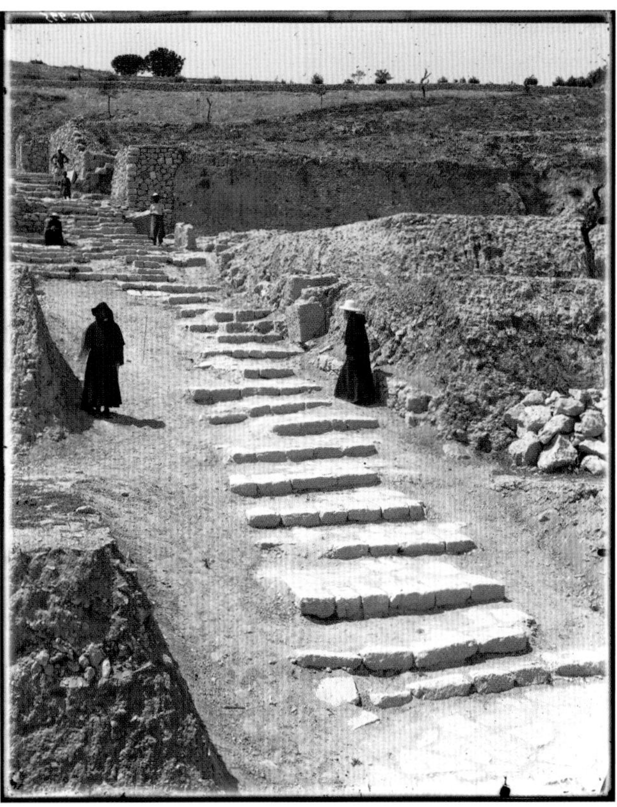

Arriba: Los primeros trabajos arqueológicos sobre las laderas del monte Sión revelaron estos escalones bien preservados, pertenecientes al primer siglo (muy probablemente utilizados por Jesús y sus discípulos cuando bajaban del valle del Cedrón hacia el Getsemaní, después de la Última Cena).

Amantes y cazadores de la Biblia

También aparecieron los eruditos y los arqueólogos. Uno de los primeros, el profesor Edward Robinson (del Union Seminary de Nueva York), tampoco quedó muy impresionado. Después de su visita en el año 1838, concluyó que muchos de los presuntos sitios del evangelio eran históricamente inexactos: su identificación se basaba en tradiciones erróneas o, peor aún, en el «fraude piadoso».

En 1848, un arquitecto llamado James Fergusson, que se preguntaba si los cruzados habían construido la Iglesia del Santo Sepulcro en el lugar equivocado, insinuó que el Calvario podía estar debajo del Domo musulmán de la Roca (abierta a los visitantes no-mulsumanes desde la década del 1850). ¿Sería quizás *esa* la construcción original de la basílica que Constantino edificó sobre la tumba de Cristo? La extraña sugerencia de Fergusson fue posible únicamente porque ¡él nunca había visitado Jerusalén! Sin embargo, creó el Fondo de Exploración de Palestina (PEF, por sus siglas en inglés) que, a través de su *Resumen trimestral,* se convertiría en uno de los canales clave para la publicación de descubrimientos arqueológicos.

La teoría favorita de Fergusson fue descartada inmediatamente por Charles Warren que, irónicamente, fue enviado por el PEF en 1867 para investigar la zona del monte del Templo. Otros trabajos arqueológicos clave en Jerusalén incluyeron las excavaciones del monte Sion (en 1874 y 1894); el descubrimiento del Estanque de Betesda (en 1888), y la minuciosa inspección de «mapeo» de la ciudad, realizada por Charles Wilson (desde 1869 en adelante).

Derecha: Barrio armenio en la Ciudad Vieja, con la nueva urbanización por el Camino de Jafa a la distancia (arriba a la izquierda).

Abajo: Vista al noroeste desde los muros cerca de la puerta de Damasco (abril 1911), donde se ven desarrollos urbanísticos de fines del siglo diecinueve, incluyendo el Centro Nostradamus (arriba a la izquierda).

Condiciones de hacinamiento

La Ciudad Vieja inevitablemente se pobló aún más. El número total de habitantes aumentó de unos 9.000 en el 1800, a unos 27.000 en 1870 (de los cuales, aproximadamente un tercio era cristiano). Además estaba la gran cantidad de peregrinos. Las comunidades cristianas se ocuparon de sus respectivos edificios: el de Santa Ana (renovado por los franceses en 1860); el Hospicio Austríaco (también en 1860); el convento de Ecce Homo (1868); el hospedaje ampliado cerca del de San Salvador para los peregrinos latinos (1870); y el gran New Hotel (construido por los griegos ortodoxos dentro de la Puerta de Jaffa en la década de 1880). Se realizaron algunas mejoras definitivas: en 1868 se instaló baños públicos y se hizo más aberturas en la muralla de la ciudad: la Puerta del Estiércol (1853), la Puerta de Herodes (1875), y la Puerta Nueva (1890). No obstante, todavía faltaba algo.

Entonces, Moses Montefiore, un destacado filántropo judío, alentó a sus compatriotas a que vivieran fuera de la ciudad (sus hospedajes estuvieron listos para ser ocupados desde 1857) y pronto aparecieron infinidad de edificios, especialmente en la parte noroeste de la ciudad. En esta zona, a ambos lados del camino a Jaffa, en poco tiempo (para el año 1879) había no menos de nueve barrios judíos. También había un gran complejo para los peregrinos ortodoxos rusos, con su catedral (construida entre 1860 y 1864); la iglesia Etíope (1887); y Notre Dame (construida por los asuncionistas franceses desde 1885 a 1904). A la vez, había una serie de desarrollos que avanzaban hacia el norte de la Puerta de Damasco, incluido el complejo Garden Tomb (desde 1895 propiedad de un fideicomiso británico, luego de que se descubriera allí la tumba en 1867); la catedral anglicana de San Jorge (consagrada en 1898); y el complejo de la École Biblique de los dominicos franceses, incluida la reconstruida Iglesia de San Esteban (dedicada en 1900 sobre el boceto de la basílica del siglo V, ver pág. 110).

Entrar y gobernar

A partir de 1880, el ritmo de los cambios fue cada vez más rápido. Además había una creciente sensación de que el gobierno otomano sobre esta ciudad que había crecido tanto, con los evidentes conflictos de interés de sus diversas minorías, fuera posiblemente demasiado débil para manejar esta situación inestable. ¿Cuánto más sobreviviría el «gran enfermo del Bósforo» (como se describía comúnmente al gobierno otomano)?

Entonces, ocurrió algo simbólico, quizás, cuando a fines del siglo, el káiser Guillermo asistió a la consagración de la Iglesia Luterana del Redentor. Se tuvo que crear una entrada completamente nueva (contigua a la vieja Puerta de Jaffa) para que la procesión de su carruaje pudiera ingresar a la Ciudad Vieja. Los poderes de Occidente —y las agrupaciones religiosas occidentales— estaban ansiosos por introducirse en Jerusalén y ser *ellos* quienes la dominaran. Sin embargo, ¿quién sería el primero en atravesar su muralla? Y, una vez que lograran hacerlo, ¿compartirían ese premio con cualquier otro?

Derecha: La torre de la Iglesia Luterana El Redentor, mientras se estaba construyendo con el propósito de dedicar el templo el Día de la Reforma, 31 de octubre de 1898.

Abajo: El kaiser Guillermo II (emperador alemán 1888–1918), entrando en Jerusalén en 1898.

Abajo: Excavaciones preliminares en el sitio de la iglesia Eleona, de Constantino (pág. 110) en el monte de los Olivos, antes de la construcción de la Iglesia Pater Noster (que nunca se terminó de construir a causa de la Primera Guerra Mundial).

El mandato británico

Transcurridos veinte años, un poder europeo diferente (el del Reino Unido) pasó por esa nueva Puerta de Jaffa para proclamar su gobierno sobre Jerusalén. Era un cálido día soleado de diciembre de 1917, cuando el general Allenby, comandante de las fuerzas británicas, marchó por la ciudad y presidió una ceremonia en las escalinatas de la ciudadela. Entre su séquito estaba T. E. Lawrence («Lawrence de Arabia»), quien había trabajado incansablemente junto a las tribus árabes durante los años previos para alentarlas a que apoyaran al Reino Unido y a las fuerzas aliadas. Él tenía grandes esperanzas de lo que podría lograr la presencia británica en Palestina y describió ese día en Jerusalén como el «momento supremo de la guerra».

Un nuevo poder extranjero

De esta manera, los cuatrocientos años de gobierno otomano en Palestina terminaron en un final sereno e indiscutido. Durante ese largo período de gobierno musulmán, los judíos

Derecha: Peregrinos afuera de la Iglesia del Santo Sepulcro.

Abajo: El general Allenby cuando leía la proclamación del Mandato Británico (11 de diciembre de 1917).

y los cristianos (ya fuera en lo individual o de manera conjunta), habían aceptado de hecho que no tenían poder político. Sin embargo, durante el siglo XIX, ambos grupos habían empezado a manifestar un interés muy entusiasta por el futuro de la Tierra Santa y se preguntaban quién llevaría la batuta cuando terminara el gobierno musulmán. En un primer momento, fue para los cristianos, pero a su debido tiempo, pasaría a manos del pueblo judío.

No obstante, una vez más, la Tierra Santa fue solo un peón en el ancho mundo de la geopolítica. Los ministros del káiser Guillermo de Alemania habían persuadido a los otomanos a que formaran parte de su bando en la Primera Guerra mundial. Cuando perdieron, el premio fue para los vencedores. Después del Tratado de Versailles, en 1919, los franceses obtuvieron el mandato sobre la región del Líbano y los británicos, sobre Palestina.

Arriba: El dirigible alemán "Graf Zeppelin" sobre Jerusalén (11 de abril de 1931).

Las tensiones inevitables

Sin embargo, ¿cuánto tiempo podría sostenerse este gobierno, impuesto desde una distancia de varios miles de kilómetros al oeste? En el transcurso del siglo XX, la marea cambiaría bruscamente en contra de esas grandes reivindicaciones imperiales, donde los nacionalismos locales se convirtieron en la norma. No pasaría mucho tiempo en Palestina antes de que las comunidades locales y autóctonas (ya fueran recién llegadas o habitantes de siglos), exigieran su propia soberanía. En este sentido, los años del Mandato Británico (1920–1948) fueron un parche que demoró la colisión inevitable entre los pueblos judíos y árabes, ambos habitantes de la Tierra.

Abajo a la derecha: La "pequeña aldea de Jerusalén" (a fines de 1920), con la torre cercana de la Iglesia de la Natividad a mitad distancia, y el Herodión en el horizonte (ver pág. 76).

Abajo: Clérigos cristianos ante la Iglesia de la Natividad en Belén (ca. 1930).

Para 1920, la demografía de Palestina había cambiado espectacularmente, comparada con los cincuenta años anteriores. Las Naciones Unidas informaron que la población total había aumentado a un poco más de 700.000 personas; de estas, alrededor de 76.000 eran judías y 77.000 eran cristianas (casi todas hablaban árabe y vivían, principalmente, en Nazaret, Belén y Jerusalén). Si bien algunos árabes habían llegado de otras partes, el crecimiento mayor fue claramente causado por la inmigración judía, ya que los judíos (principalmente de Europa) hicieron la *aliyá*, el «ascenso» a Jerusalén y a la «tierra de sus antepasados». El número de habitantes que llegaba cada año aumentaba continuamente y crecería aún más como resultado de la ola antisemita que se desarrollaba en Europa.

Los albores del sionismo

Antes del Primer Congreso Sionista (llevado a cabo en Basilea, Suiza, en 1897), había existido cierta discusión en torno a si el pueblo judío podía fundar un estado independiente en África o en Sudamérica, pero Palestina, con su importancia bíblica, pronto surgió como la opción obvia. Aún así, la gran mayoría de esas primeras generaciones de colonos judíos parece haber estado inspirada, sobre todo, por consideraciones políticas y prácticas, y no tanto por razones estrictamente religiosas. A estas alturas, los judíos ortodoxos tendían a imaginar que cualquier estado de Israel que viniera solo podría suceder a través del Mesías; no por acontecimientos políticos y sociales ordinarios. Por lo tanto, quedó a cargo de los judíos más «liberales» o, incluso, declaradamente «seculares» hacer el duro trabajo de reasentarse en la tierra.

Y fue un trabajo duro. Gran parte del territorio se había vuelto infértil, abandonada por sus propietarios ausentes. El valle del Hulé (al norte del lago de Galilea) era una zona baja de pantanos, constantemente propensa a la malaria; pero con los años y finalmente con la ayuda de los árboles de eucaliptus traídos de Australia para absorber el agua, se recuperó gradual y eficazmente. Los *kibutz* (o granjas colectivas) crecieron por todo el país, fomentando el arduo trabajo de cultivar la tierra; algunos se instalaron en áreas áridas al borde del desierto. Al mismo tiempo, fundaron Tel Aviv (en una reunión pública en la playa) en 1909 y empezó una expansión meteórica; otras ciudades costeras, como Haifa y Ascalón, la imitaron.

Las reacciones árabes

A lo largo de la mayor parte del siglo XIX, las relaciones entre judíos y árabes habían sido bastante positivas. Sin embargo, cuando se terminó el gobierno islámico otomano, los musulmanes en particular empezaron a ver con creciente preocupación este poder renaciente dentro de las filas del judaísmo. ¿Hacia dónde se dirigía? Una cosa era darle la bienvenida a los inmigrantes laboriosos, pero otra muy distinta era verlos, paso a paso y gradualmente, apoderarse de la Tierra que considerabas tuya.

Quizás no sorprenda, entonces, que durante la década de los años 1920 haya habido revueltas políticas, a medida que los árabes empezaron a protestar ante esta potencial usurpación pública. El ejército británico tuvo que usar la fuerza para reprimir los disturbios (especialmente en 1920 y 1929). Las cosas siguieron empeorando continuamente a partir de entonces, con una prolongada revuelta árabe en 1936 y 1937. Luego, llegaron los desafíos de la Segunda Guerra mundial, con la hórrida realidad del Holocausto y la necesidad de un lugar seguro para los judíos refugiados. La olla a presión que había en Palestina estaba a punto de explotar. Cuando los oficiales británicos fueron asesinados en el atentado al hotel Rey David en 1946 (una conspiración ideada por el Irgún, el grupo paramilitar judío) se hizo

evidente que los británicos estaban perdiendo el control de la situación. No es de sorprender que en 1947 hayan declarado que tenían la intención de retirarse de Palestina.

Las Naciones Unidas tenían que decidir qué sucedería a continuación. Una vez que los británicos se marcharan, estaba muy claro (o al menos así creyeron ellos) que la soberanía tendría que ser otorgada a dos estados independientes, uno judío y el otro árabe. A la larga, su plan de partición (de noviembre de 1947) le cedió el 54 por ciento del «Mandato de Palestina» a los judíos, que en ese momento poseían el 10 por ciento del territorio. Sin embargo, a pesar de que gran parte

Arriba a la izquierda: Un soldado inglés revisa a un manifestante árabe en las afueras de la puerta de Jafa (1938).

Abajo a la izquierda: Una explosión cerca del Camino de Jafa, en los años 1930.

Abajo: 2.700 inmigrantes judíos "ilegales" en *The Guardian*, esperando su eventual desembarco en Jaifa (abril de 1947).

de este territorio era desértico (el Neguev hacia el sur, a Eilat), a los árabes el porcentaje les pareció excesivo; ellos todavía conformaban el 65 por ciento de la población.

Los británicos se marchan

Al final, quizás inevitablemente, el asunto no pudo resolverse diplomáticamente. Ambas partes habían estado armándose y esperaban que los británicos se fueran a la medianoche del viernes 14 de mayo de 1948. Temprano

Derecha: El hotel Rey David en 1932 *(primer plano)*, con el YMCA y algunos edificios dispersos de la Jerusalén "occidental" en el fondo.

Abajo: Pese a las crecientes tensiones, árabes y judíos continúan compartiendo las calles de la Ciudad Vieja durante la década de 1940.

aquel día, la bandera británica *Union Jack* fue bajada ceremoniosamente de la Casa de Gobierno en Jerusalén y el embajador fue escoltado a un lugar seguro. Esa tarde, en una sala de Tel Aviv, David Ben Gurion declaró el comienzo del estado independiente de Israel. La lucha estalló por toda la Tierra en cuestión de horas. A su debido tiempo, unos 700.000 árabes huyeron para salvar su vida (algunos a Jericó, otros a Jordania o al Líbano), escaparon de sus casas y dejaron unos 400 pueblos y aldeas en manos de Israel. Cuando por fin cesó el fuego, el 78 por ciento de la Tierra estaba dentro de las fronteras de Israel. El resto de la región incluía la Franja de Gaza (dominada por los egipcios) y la margen occidental del río Jordán, que ahora pasó a ser dominada por Jordania.

Sin embargo, de manera crucial, el dominio jordano incluía la Ciudad Vieja de Jerusalén. Los israelíes solo controlaban Jerusalén *occidental*. Por lo tanto, había una franja angosta de tierra (una tierra de nadie) que bifurcaba la ciudad. Esta «línea verde» corría inmediatamente contigua a la muralla de la Ciudad Vieja, lo cual causaba que varias de las puertas de la ciudad estuvieran cerradas.

La entrada a la ciudad

Una de las puertas era esa misma Puerta de Jaffa, que había sido abierta al tránsito más pesado exactamente cincuenta años antes. La pregunta era: ¿Cuándo se volvería a abrir la puerta? ¿Quién controlaría Jerusalén entonces? Y, una vez que estuvieran adentro, ¿cómo compartirían este premio hermoso, esta joya suprema en el centro de la Tierra, con aquellos que acababan de perder en esta interminable batalla por Jerusalén?

Memorial Del Holocausto Yad Vashem: Un candil encendido por cada niño perdido…

DESDE ENTONCES...

Desde aquel año 1948 sucedieron muchas cosas. La larga y a veces lenta historia de la Tierra Santa avanza ahora a un ritmo alarmante: todos los años se escriben libros sobre ella, porque la historia se hace cada día.

Durante este último siglo hubo mucho conflicto y sufrimiento humano: dos guerras mundiales, el Holocausto, y otros genocidios. Lejos de estar al margen de estas aflicciones, la Tierra Santa ha sido, por el contrario, algo así como un microcosmos de los males del mundo, albergando un conflicto continuo que refleja la tragedia de la condición humana: nuestra incapacidad para vivir juntos en paz y en armonía.

Dos grupos principales, con historias extensas y con grandes expectativas, están atrapados en una lucha por compartir una estrecha porción de tierra cuya historia (tanto religiosa como política) significa muchísimo para ambos

grupos, que cifran sus respectivas esperanzas para el futuro en esa tierra.

Se ha mantenido una batalla por la supervivencia, un deseo de mutua independencia; y en tales enfrentamientos se ha provocado y recibido heridas profundas. Con demasiada frecuencia la tragedia ha estado exacerbada por más tragedia. En tales situaciones se ven pocos vencedores, de haber alguno. Solo existen víctimas.

Y en el centro de la escena está Jerusalén. Su nombre hebreo significa «Ciudad de Paz». Sin embargo, en palabras de Jesús cuando lloró sobre la ciudad, esta Yeru-Shalaim no parece, entonces ni ahora, entender «el camino de la paz». ¿Llegará alguna vez a ser en realidad aquello que su nombre promete?

Más aun, la línea de horizonte de Jerusalén (con sus minaretes y sus torres, con sus sinagogas, iglesias y mezquitas) refleja su importancia histórica para pueblos de diferente fe. Judíos, musulmanes y cristianos por igual, todos contemplan el pasado de la ciudad a través de un lente diferente. Cada uno tiene esperanzas para el futuro de la ciudad. No obstante, estas esperanzas están inspiradas por narrativas diferentes y en consecuencia tienen puntos de conflicto entre sí. ¿Cómo podrían resolverse alguna vez estas perspectivas distintas?

Abajo: Mientras sube el sol, la gente se reúne en el muro occidental para orar (al fondo se ven los templos en el monte de los Olivos).

En tales circunstancias, una reacción natural podría ser la del cinismo e incluso la desesperanza. ¿Es esa, entonces, la moraleja definitiva que debemos extraer de esta revisión de la larga historia de la Tierra Santa?

Quizás deberíamos, más bien, volver al comienzo de la historia, y de alguna manera comenzar todo de nuevo, regresando a la figura de Abraham (una persona respetada en estas tres religiones monoteístas), para observar nuevamente su fe y también su conducta.

Abraham contemplaba esta Tierra: hacia el norte y hacia el sur, hacia el este y el oeste, con una actitud de fe en su Dios y de esperanza hacia el futuro. Esta Tierra, así lo creía, sería el lugar de promesas cumplidas, de destino histórico, de actividad divina, y en consecuencia un lugar desde el cual fluirían muchas bendiciones hacia todo el mundo. En este sentido ¿quién podría decir que se equivocó?

Mientras tanto, decidió comportarse de manera apropiada en un escenario tan asombroso; por ejemplo, se nos dice que pagó a los habitantes locales el precio correcto por la parcela donde sería sepultado (Génesis 23). Si esta iba a ser una tierra «santa», entonces probablemente esto exigía, tanto de Abraham como de sus futuros habitantes, una conducta de más «santidad», no menos.

Aun así, es probable que Abraham también se haya hecho preguntas acerca del futuro más distante:

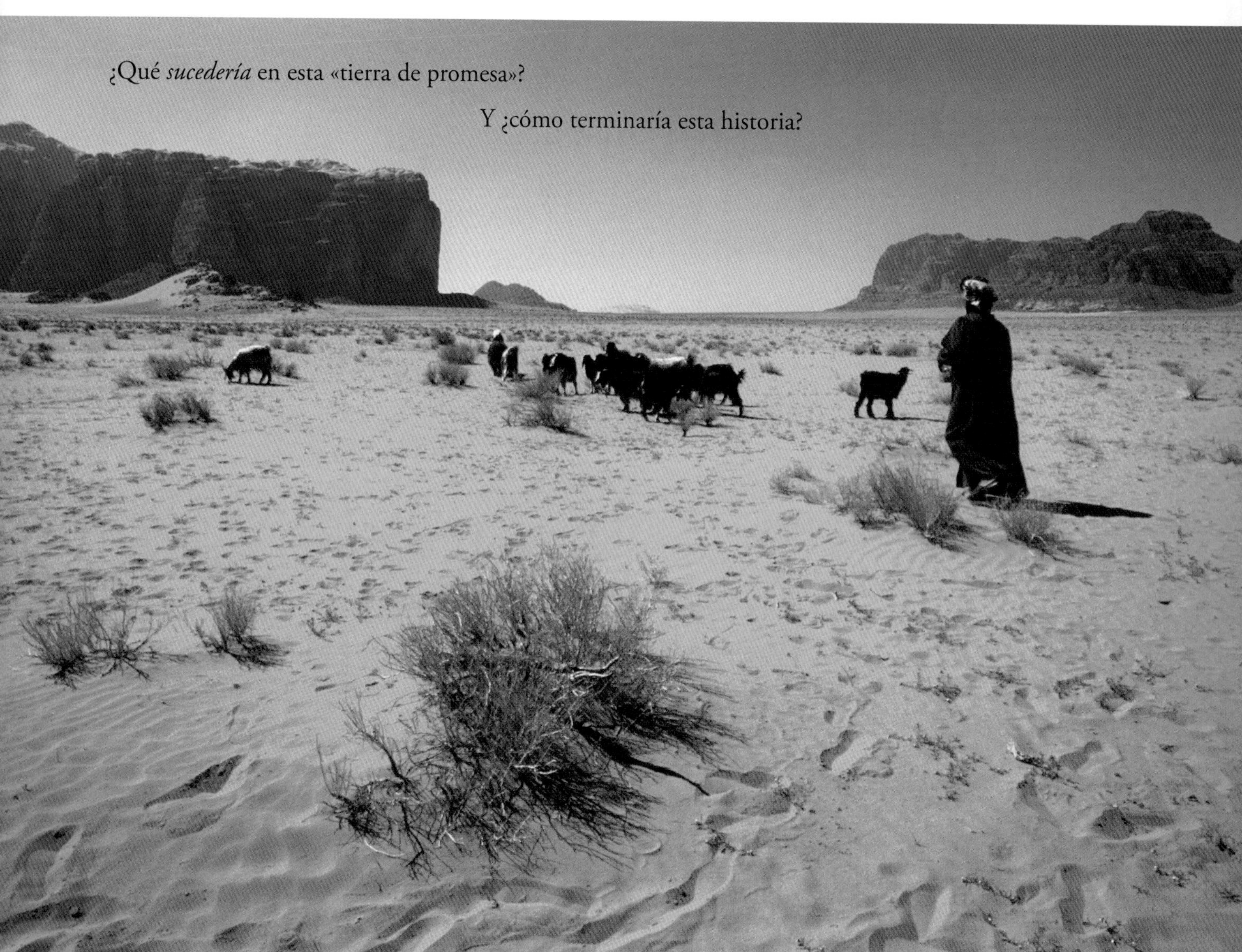

¿Qué *sucedería* en esta «tierra de promesa»?

Y ¿cómo terminaría esta historia?

Estas mismas interrogantes pueden ser las nuestras al mirar hoy la Tierra: hacia el Oeste, Tel Aviv…

hacia el Norte, Nazaret…

hacia el Este, Nablus…

… y en el centro, Jerusalén.

Mirando esta Tierra —con todos sus inquietantes contrastes— no podemos sino preguntarnos: ¿de qué manera terminará esta historia grandiosa y prolongada?

LA HISTORIA DE LA TIERRA SANTA…

LECTURAS COMPLEMENTARIAS

Y. Aharoni, *The Land of the Bible: A Historical Geography* (London: Burns & Oates, 1967; edición revisada 1979).

M. Avi-Yonah, *The Jews of Palestine: A Political History from the Bar Kokhba War to the Arab Conquest* (Oxford: Clarendon, 1976).

Y. Ben-Arieh, *Jerusalén en el siglo diecinueve* (Jerusalén: Ben Zvi, 1984).

J. Bright, *A History of Israel* (3ra ed., Philadelphia: Westminster Press, 1981).

M. Gil, *A History of Palestine, 634–1099* (Traducción del hebreo al inglés, Cambridge: Cambridge University Press, 1992).

O. Grabar, *The Shape of the Holy: Early Islamic Jerusalem* (Princeton: Princeton University Press, 1996).

K. A. Kitchen, *On the Reliability of the Old Testament* (Grand Rapids: Eerdmans, 2003).

L. I. Levine, *Jerusalem: Portrait of the City in the Second Temple Period* (538 B.C.E. – 70 C.E.) (Philadelphia: Jewish Publication Society, 2002).

A. Millard, *Treasures from Bible Times* (Tring: Lion, 1985).

S. S. Montefiore, *Jerusalem: The Biography* (London: Orion, 2011).

J. Murphy O'Connor, *The Holy Land: An Archaeological Guide* (5ta ed, Oxford: Oxford University Press, 2008).

J. Prawer, *The Latin Kingdom of Jerusalem: European Colonialism in the Middle Ages* (London: Weidenfeld & Nicholson, 1972).

S. Runciman, *A History of the Crusades* (3 vols, Cambridge: Cambridge University Press, 1951, 1952, 1956).

P. W. L. Walker, *Holy City, Holy Places? Christian Attitudes to Jerusalem and the Holy Land in the Fourth Century* (Oxford: Oxford University Press, 1989).

P. W. L. Walker, *Jesus and the Holy City: New Testament Perspectives on Jerusalem* (Grand Rapids: Eerdmans, 1996).

P. W. L. Walker, *In the Steps of Jesus: An Illustrated Guide to the Places of the Holy Land* (Oxford: Lion Hudson, 2006).

R. T. Wilken, *The Land Called Holy: Palestine in Christian History and Thought* (New Haven: Yale University Press, 1992).

J. Wilkinson, *Jerusalem as Jesus Knew It: Archaeology as Evidence* (London: Thames & Hudson, 1978).

Para las traducciones al inglés de los textos originales, ver Josefo, *Antiquities of the Jews* y *The Jewish War*, por William Whiston (1737); ver Eusebio de Cesarea, *Church History* de Kirsopp Lake (1926) y *Life of Constantine* por E. H. Gifford (1903); y ver Cirilo de Jerusalén, *Catechetical Lectures* por L. McCauley y A. Stephenson (1969, 1970).

Visite Tyndale en Internet: www.tyndaleespanol.com y www.BibliaNTV.com.

La historia de la Tierra Santa: Una historia visual

Diseño de la portada: Lion Hudson plc, Oxford, England.

Traducción al español: Adriana Powell y Omar Cabral.

Edición del español: Mafalda E. Novella

ISBN 978-1-4143-9663-7

Impreso en China

21 20 19 18 17 16 15
7 6 5 4 3 2 1

Reconocimientos

El texto bíblico, sin otra indicación, se ha tomado de la *Santa Biblia*, Nueva Traducción Viviente.

AGRADECIMIENTOS

¿Cuánto tiempo lleva escribir un libro? En cierto sentido, comparado con otros libros que escribí, este es el que menos tiempo me llevó: tal vez unos treinta días de trabajo entre fines de junio y principios de octubre del 2012, mientras estaba en un tiempo de transición (de Oxford a Pittsburg, ¡pasando por Jerusalén y Chipre!). Agradezco muchísimo la ayuda y el apoyo recibido durante ese tiempo: de mi compañero de viaje en Jerusalén, Tim, y de quienes me fueron de mucha ayuda allá seleccionando las fotos (en especial, Jean-Michel Tarragon y Garo); la colaboración de nuestros amigos en Chipre (quienes habían viajado conmigo a la Tierra Santa en el 2011) y de quienes leyeron los primeros borradores del manuscrito (mi hija Hannah, luego Ali y Miranda y el profesor Alan Millard); de mis colegas de «diseño» en Lion Hudson (Margaret, Jessica, Jude y Jonathan); y, especialmente, de mi esposa, Georgie.

No obstante, en otro sentido, este libro tardó más que ningún otro. Desde mi primera visita a Jerusalén, hace unos treinta años, esta Tierra se apoderó de mi atención: cuatro años completos para investigar sobre el peregrinaje bizantino hacia la Tierra Santa; tres años investigando sobre las posturas del Nuevo Testamento hacia Jerusalén; el verano que pasé investigando la Jerusalén del siglo XIX; alrededor de quince años enseñando teología bíblica en Oxford y (tal vez lo más instructivo de todo), los cuatro veranos sucesivos que me reuní con israelitas y palestinos para examinar juntos las cuestiones de lo que enseña la Biblia sobre la Tierra. En *este* sentido, este libro no llevó treinta días, ¡sino treinta años! Así que es posible que las palabras sean bastante pocas, pero quizás sean, de hecho, la «punta del iceberg» de lo que *pudo* haber sido escrito.

El primer vistazo sobre este libro demostrará inmediatamente que le dediqué menos palabras al período a partir de 1948. Al principio del proyecto, tomé la decisión (tanto por la enorme cantidad de fotos actuales como por la gran complejidad de los últimos sesenta años) de que este sería un libro que no intentaría describir los acontecimientos recientes y actuales. No porque no sean importantes, desde luego, sino porque el propósito de este libro es diferente: su objetivo es brindar un relato accesible pero breve de la larga edad histórica de la Tierra Santa. Demasiados de estos detalles son poco conocidos y todos ellos pueden servir como trampolín hacia la historia en común, lo cual nos permite aceptar los reclamos de la compleja situación actual. Entonces, esto quiere decir que podremos elegir sobre buenos fundamentos cómo poder construir para el futuro.

Este libro está dedicado a Hannah y a Jonathan, mis hijos, y a Jen y a David, mis hermanos. *¡Menos palabras, más imágenes; luego, esperemos, más lectura, menos excusas!*

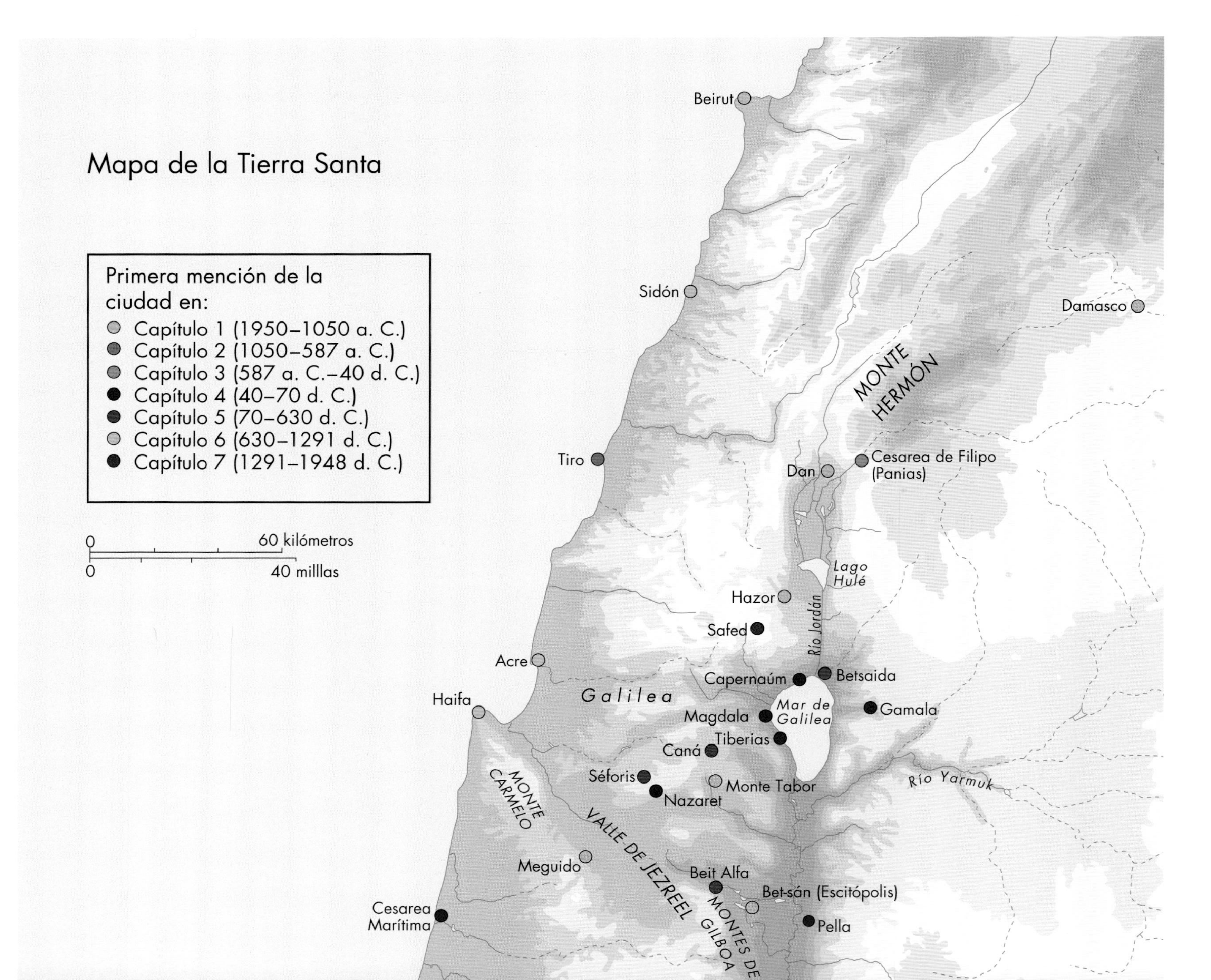
Mapa de la Tierra Santa
Primera mención de la ciudad en:
Capítulo 1 (1950–1050 a. C.)
Capítulo 2 (1050–587 a. C.)
Capítulo 3 (587 a. C.–40 d. C.)
Capítulo 4 (40–70 d. C.)
Capítulo 5 (70–630 d. C.)
Capítulo 6 (630–1291 d. C.)
Capítulo 7 (1291–1948 d. C.)
0
60 kilómetros
0
40 millas
Beirut
Sidón
Damasco
MONTE HERMÓN
Tiro
Dan
Cesarea de Filipo (Panias)
Lago Hulé
Hazor
Río Jordán
Safed
Acre
Capernaúm
Betsaida
Haifa
Galilea
Mar de Galilea
Magdala
Gamala
Tiberias
Caná
Séforis
Monte Tabor
Nazaret
Río Yarmuk
MONTE CARMELO
VALLE DE JEZREEL
Meguido
Beit Alfa
Bet-sán (Escitópolis)
Cesarea Marítima
MONTES DE GILBOA
Pella

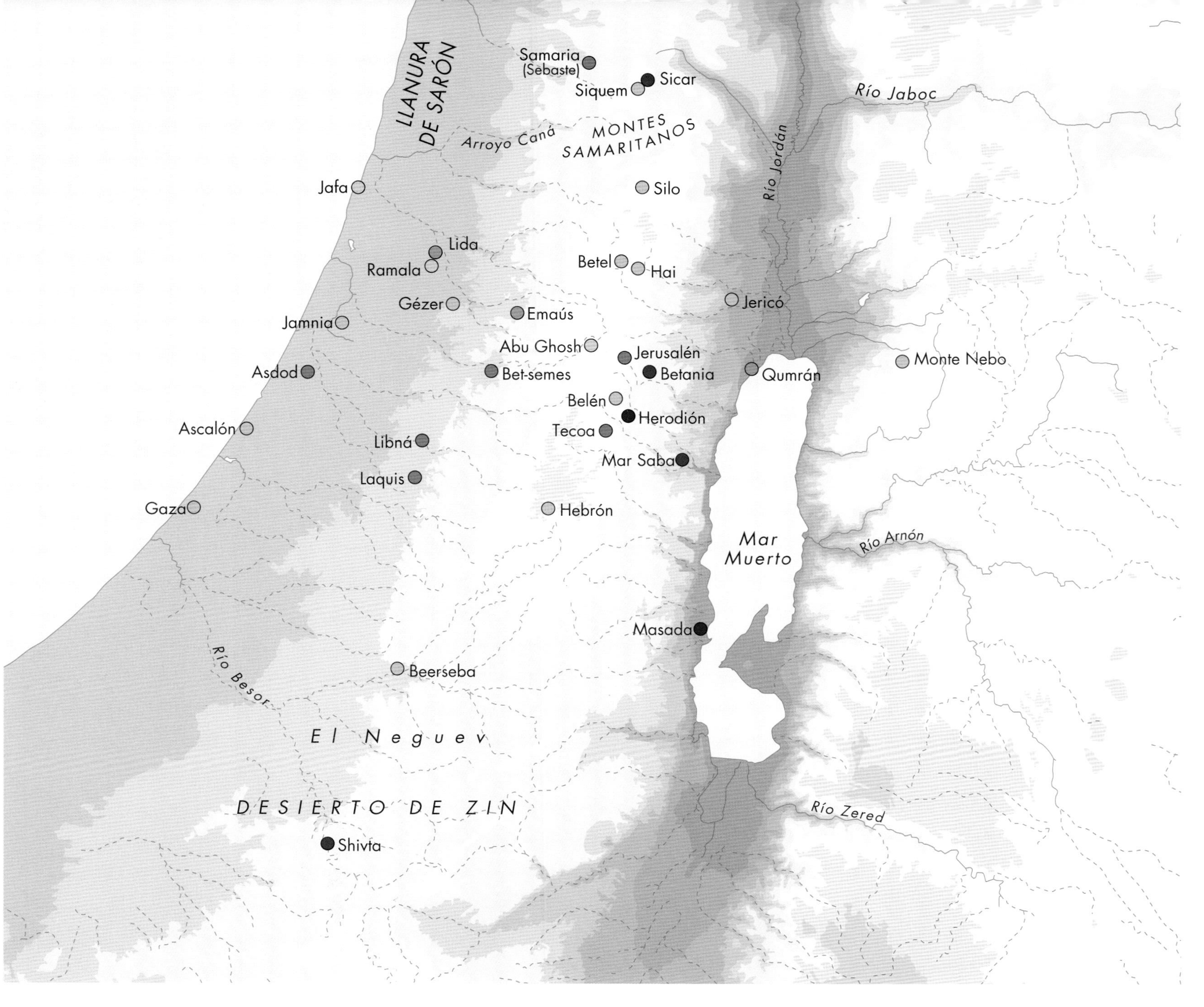

LLANURA DE SARÓN
Samaria (Sebaste)
Sicar
Siquem
Río Jaboc
Arroyo Caná
MONTES SAMARITANOS
Río Jordán
Jafa
Silo
Lida
Ramala
Betel
Hai
Gézer
Emaús
Jericó
Jamnia
Abu Ghosh
Jerusalén
Monte Nebo
Asdod
Bet-semes
Betania
Qumrán
Belén
Herodión
Ascalón
Tecoa
Libná
Mar Saba
Laquis
Gaza
Hebrón
Mar Muerto
Río Arnón
Masada
Río Besor
Beerseba
El Neguev
DESIERTO DE ZIN
Río Zered
Shivta

RECONOCIMIENTOS DE LAS FOTOGRAFÍAS

Alamy: págs. 28, 128 Imágenes de Israel ; pág. 40, 49d, 65ar, 80, 96i, 99ab, 99ma, 136 Bible Land Pictures; pág. 51 Eddie Gerald; págs. 60–61, 66–67 Duby Tal/Albatross; pág. 64 Peter Horree; pág. 78 Jon Arnold Images Ltd; págs. 122–23 LOOK Die Bildagentur der Fotografen GmbH; págs. 124–25 Dimitry Bobroff; págs. 132–33 Hanan Isachar; pág. 169 Yagil Henkin – Imágenes de Israel

Art Archive: pág. 14 Jane Taylor; pág. 19d Stephanie Colasanti; pág. 23ad Gianni Dagli Orti; pág. 55d Museo Arqueológico Cividale del Friuli/Gianni Dagli Orti (Los hebreos llorando junto al río de Babilonia, manuscrito gótico del siglo trece, Beatae Elisabeth Psalter); págs. 82d, 83 Culver Pictures; pág. 145 American Colony Photographers/NGS Image Collection

BibleWalks.com: págs. 52–53, 111d

Bridgeman: págs. 96b, 140–41

Corbis: págs. 24; págs. 6–7, 80–81, 131da Richard T. Nowitz; pág. 15d Michael S. Yamashita; pág. 18 Archibald Forder/ National Geographic Society; pág. 25a Radius Images; pág. 44a National Geographic Society; pág. 54 Frederic Soltan/Sygma; pág. 55a Ed Darack/Science Faction; pág. 60 Tetra Images; pág. 74 Bojan Brecelj; págs. 74–75 Nathalie Darbellay; págs. 101, 114–15 Jon Hicks; pág. 105a Remi Benali; pág. 142 Rieger Bertrand/Hemis; pág. 148 Stapleton Collection; pág. 168 Atlantide Phototravel

École Biblique: págs. 147a, 147ab, 150–51, 151, 152ab, 153, 155a, 156, 157, 158ab, 160 colección personal; págs. 146, 149ar, 149ab, 155ab Notre Dame de France

Garo Nalbadian: págs. 58, 62, 63ar, 79d, 97, 106, 106–107, 110, 113, 118–19, 119, 120ar, 120ab, 134ar, 134ab, 164–65, 170–71, 176

Getty: págs. 8–9 Planet Observer; pág. 22 Travel Ink; págs. 72, 73 Michael Melford; págs. 92–93 Después de David Roberts (*La destrucción de Jerusalen en 70 d.C.*, grabado por Louis Haghe, 1806–85); pág. 105ab Zoran Strajin; págs. 162–63 Bill Raften; pág. 166 Mark Daffey; pág. 167 Gavin Hellier

Hanan Isachar: págs. 26, 29ab, 36, 37ar, 56–57, 85ab, 98ar, 108, 109, 111ab, 112ar, 131ar

iStock: pág. 133 Ora Turunen

Jonathan Clark: pág. 75

Lebrecht: págs. 23ai, 66ai prismaarchivo; pág. 48ar Z. Radovan

Aldea de Nazareth: pág. 79ab

Pantomap Israel Ltd: pág. 143

Peter Walker: págs. 82ab, 126

Richard Watts: págs. 174–75

Shutterstock: págs. 26–27 Peter Zaharov; pág. 90ar Ariy

Sonia Halliday: págs. 16ar, 20–21, 38–39, 45ar, 88, 102–103, 122ab, 135, 136–37, 161

SuperStock: págs. 2–3 Cubo Images; págs. 4–5, 31ab Hanan Isachar; pág. 37ai DeAgostini; pág. 114 PhotoStock-Israel/age footstock; pág. 122ar Christie's Images Ltd; pág. 127 Spaces Images; pág. 129 Robert Harding Picture Library; pág. 130 Design Pics

La tumba del jardín, Jerusalén: pág. 85a

Topfoto: págs. 121, 154, 158ar, 159; págs. 12–13, 15ab, 30, 31ard, 32, 32–33, 34–35, 41, 42–43, 44–45, 46, 47ar, 47ab, 48iz, 49d, 64–65, 68–69, 70–71, 76, 77, 86–87, 89, 91, 94–95, 98ab, 104, 112ab, 116–17, 121, 138–39, 144 Duby Tal/Albatross; págs. 19ad, 59ab, 144 The Granger Collection; pág. 59ar Spectrum/HIP; pág. 84 AA World Travel Library; pág. 152ar Ullsteinbild; pág. 173 Robert Piwko

Zev Radovan: págs. 16ab, 17, 25ab, 29ar, 33, 37abd, 50ar, 50ab, 63ab, 65m, 66ard, 87ari, 87abd, 90ab, 100

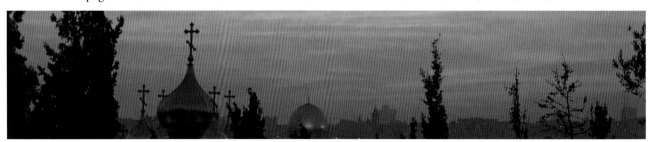